保教政策法规与职业道德

张文慧　龚丽　杜佳　主编

BAOJIAO ZHENGCE FAGUI
YU ZHIYE DAODE

U0359997

化学工业出版社
·北京·

内容简介

本书着重培养学生对保教政策法规、制度的深度理解，通过观摩与练习来理解保教人员的岗位礼仪与道德修养，通过职业测评工具认知自己的特质与未来岗位的适配性，通过分析案例和小组讨论来建立对幼儿保育事业的崇高理想及坚定的职业信念。全书共分为五个单元，其中核心教学单元四个，分别是政策法规、职业道德、心理素养、职业信念；配置实践应用单元一个，主要包含操作类工具表单。

本书可作为中等职业学校幼儿保育等相关专业师生教材，也可作为幼儿教师、保育员、托幼机构照护者等相关行业从业人员的培训教材，还可供幼儿园教师资格考试备考者学习和参考。

图书在版编目（CIP）数据

保教政策法规与职业道德 / 张文慧，龚丽，杜佳主编. -- 北京：化学工业出版社，2025.1. -- ISBN 978-7-122-46697-6

Ⅰ. G619.20；D922.16；G615

中国国家版本馆CIP数据核字第20242Y937G号

责任编辑：李彦玲 　　　　文字编辑：谢晓馨　刘　璐
责任校对：宋　玮 　　　　装帧设计：王晓宇

出版发行：化学工业出版社
　　　　　（北京市东城区青年湖南街 13 号　邮政编码 100011）
印　　装：涿州市殷润文化传播有限公司
787mm×1092mm　1/16　印张 11　字数 232 千字
2025 年 2 月北京第 1 版第 1 次印刷

购书咨询：010-64518888　　　　售后服务：010-64518899
网　　址：http://www.cip.com.cn
凡购买本书，如有缺损质量问题，本社销售中心负责调换。

定　　价：39.80 元 　　　　　　　版权所有　违者必究

人生百年，立于幼学。习近平总书记指出：全面贯彻党的教育方针，落实立德树人根本任务。幼儿的健康成长不仅关系到千家万户的幸福，也关系到国家和民族的未来。师德为先，良好的职业道德、高尚的品格是保教人员第一核心要素。

本教材着重培养学生对保教政策法规、制度的深度理解，每个单元的内容以"学习任务"的形式呈现，每个学习任务由多个活动构成，活动采用观察、探讨、实操、思考、模拟表演、画思维导图、测试、评价等多种形式，激发学生主动学习的积极性，获得最佳的学习、实践效果。本教材具有以下特色。

1.专业与实用

依据《幼儿园教育指导纲要（试行）》《3～6岁儿童学习与发展指南》《幼儿园教师专业标准（试行）》精神，与幼儿园实践紧密结合，包含完整的师德培养的知识和技能，有较强的实用性和很强的专业性。

2.立体式培养

法律法规明确依法从教的底线，师德行为建立依规执教的规范，心理修养塑造幼师阳光的心态，职业信念奠定忠于岗位的根基。

3.案例式教学

充分激发学生的主观能动性，学习过程中采用小组讨论、案例分析等形式，启发学生思考，针对问题形成独到见解，学习使用思维导图进行总结，梳理知识。

4.可视化资源

配备丰富的学习任务相关的视频、图片和文档等移动学习资源，方便学生直观获取学习资料，提高学习效率。本书配套的电子课件和习题答案可以扫描书中的二维码获取。

5.学习质量评价

采用多元化、综合性评价方式，设计不同的评价主体，以学习能力、职业能力、个人素质为主要评测目标，根据学生在学习过程中的各种行为和表现，对学生学习过程、学习效果等方面进行相应的评价，同时兼顾学生的自身发展与个性发展的学习质量评价方式。

6. 支持延伸学习

围绕未来进入职场需要提前了解的岗位职责，认识自己的性格特质与岗位的适配性，就业求职面试环节的前期准备等，增加了对应的自我测试小工具、岗位职责说明书以及面试技巧等。

本教材由张文慧、龚丽、杜佳主编，张海燕、罗良、林郁菲参编。其中，杜佳负责第一、二单元的编写，张海燕负责第三单元的编写，罗良负责第四单元的编写，林郁菲负责第五单元及全书课后习题、答案的编写，龚丽、张文慧负责全书的审稿，全书统稿工作由龚丽负责。

感谢化学工业出版社的编辑为本书出版所做的大量工作，也感谢其他所有在我们撰写此书过程中给予帮助的朋友们。由于作者水平有限，书中难免出现疏漏和不足之处，敬请专家、同行及广大读者批评指正。

编者

2024 年 4 月

目录

第一单元　法——职业中应知的政策法规

　　中国共产党第二十次全国代表大会的报告中强调，坚持全面依法治国，推进法治中国建设。全面依法治国是国家治理的一场深刻革命，关系党执政兴国，关系人民幸福安康，关系党和国家长治久安。必须更好发挥法治固根本、稳预期、利长远的保障作用，在法治轨道上全面建设社会主义现代化国家。

　　学前教育作为学校教育及终身教育的奠基阶段，在整个教育体系中具有特殊的地位和作用，党和国家高度重视，从中央到地方，各项政策和法规陆续出台，不断修订完善。国家相关政策与法规引领学前教育的发展方向，同时规范学前教育的发展秩序。

　　幼儿园实行保育和教育相结合的原则。保育人员也是教育工作者，其行为同样对幼儿具有潜移默化的影响。虽然保育人员与教师的工作内容不同，但目的都是促进幼儿健康发展。保育人员的职业道德、科学文化素质、保育观念都将直接影响幼儿的发展，其承担着保育儿童和教育儿童的双重功能。作为未来幼儿保育事业的接班人，我们应该熟知并遵行相应的政策和法规，各项政策和法规不仅给我们指引了方向，也具体引导我们怎样做、如何做，规范和约束我们行为的同时，也给我们撑起了一把保护伞。

学习主题一　我国教育政策与法规

- 我国教育政策与法规
  - 学习任务一　了解行业发展与政策法规的概念
  - 学习任务二　了解教育政策与法规的联系与区别
  - 学习任务三　了解教育政策的体系结构
  - 学习任务四　了解教育法规的体系结构
  - 拓展学习　学习法律文件与观看视频
  - 小组研究与讨论　教育政策与法规的类型

学习目标

认知目标：了解我国教育政策与法规的含义以及二者的联系、区别和体系结构。

能力与实践目标：能以思维导图的形式梳理学习内容，加强对我国教育政策与法规的理解与记忆。

情感与价值目标：认同我国教育政策与法规体系，并建立正确的认识。

学习准备

物料准备：笔记本、笔。

资料准备：《中华人民共和国宪法》《中华人民共和国教育法》相关视频。

学习形式

本节课采用小组研讨、案例、思维导图等形式进行学习。

学习任务一　了解行业发展与政策法规的概念

案例1　学前教育行业发展

2022年9月9日，中宣部举行"中国这十年"系列主题新闻发布会第29场，介绍党的十八大以来教育改革发展取得的成效。截至2021年，全国有幼儿园29.5万所，在园幼儿达到4805万人，学前三年毛入园率达到88.1%，比2012年提高23.6个百分点；全国普惠性幼儿园在园幼儿占比达到87.8%，比2016年提高20.5个百分点（普惠性幼儿园在园幼儿占比从2016年开始统计）。绝大多数的幼儿能够享受到普惠性的学前教育服务，增强了人民群众的幸福感、获得感。

在提高学前教育的普及水平的总体目标上，为进一步提高学前教育的普及普惠水平，要求到2025年全国学前三年毛入园率超过90%，普惠性幼儿园覆盖率超过85%，建立覆盖城乡、布局合理的学前教育公共服务体系。

在政策保障上，进一步完善普惠性学前教育保障制度，健全经费投入和成本分担机制，完善幼儿园教师配备补充、工资待遇保障等制度。在科学保教上，坚持以游戏为基本活动，深入推进幼小科学衔接，有效缓解家长对孩子入学的焦虑，健全办园质量评估体系，全面提高幼儿园的科学保教水平。

2021年专科以上学历的园长及专任教师占比达到87.8%，比2011年提高了24个百分点。连续实施幼儿园教师"国培计划"，2012—2020年累计投入43亿元，培训幼儿园教师超过243万人次，教师专业水平明显提升。

案例2　托育工作推进会在京召开

2022年6月14日上午，国家卫生健康委人口家庭司在京召开托育工作推进会，深入贯彻党中央、国务院决策部署，分析形势、统一思想、交流经验、明确任务，大力发展普惠托育服务，加快推进各项重点工作落地见效。

会议要求坚决落实好"十四五"千人口托位数指标，加快实施国家托育建设方案，精心组织全国婴幼儿照护服务示范城市创建活动，认真做好托育机构摸底排查工作，加强人才培养和队伍建设，动员社会各方面积极性，形成促进托育服务发展的强大合力。

从以上两个案例中我们可以看出，教育事业的改革与发展离不开正确的政策指引，也离不开完善的法治建设的保障。在案例1中，教育部对当前学前教育问题的解答体现了政府部门对于学前教育的构想和规划，这些构想和规划将最终通过政策、法规的形成、公布、实施；在案例2中，国家卫生健康委召开托育工作推进会议，各方面积极配合形成合力也是为了推进《国务院办公厅关于促进3岁以下婴幼儿照护服务发展的指导意见》政策的实施。

请认真阅读教育政策与教育法规的含义，分组讨论并简单描述出来。

1. 教育政策的含义

教育政策是指党和国家为实现一定历史时期的教育发展目标和任务，依据党和国家在一定历史时期的基本任务、基本方针而制定的关于教育的行动依据和准则，表现为教育路线、教育方针、教育战略、教育规划、教育决定、教育法律法规等形式。教育政策是一种典型的公共政策。从一定程度上看，教育事业正是在一种由各种政策所构筑的环境中成长与发展的。

2. 教育法规的含义

教育法规有广义和狭义之分。广义的教育法规是指国家制定或认可的，并由国家强制力保障实施的教育行为规范体系的总和，包括教育基本法律、教育单行法律、教育行政法规、地方性教育法规和教育规章等。狭义的教育法规是指由国家权力部门制定的教育法律，在我国是指由全国人民代表大会及其常务委员会所制定的教育法律。比如《中华人民共和国教育法》（以下简称《教育法》）是我国教育工作的根本大法，国务院及其各部委、地方权力机构等制定的教育法规、规章、规定等都不得与此相抵触。

学习任务二 了解教育政策与法规的联系与区别

请认真学习教育政策与教育法规之间的联系与区别，然后用思维导图的形式把它们罗列出来，并在小组内分享，说一说你的理解。

1. 教育政策与教育法规的联系

我国现行教育政策与教育法规在本质上是一致的，具有深刻的内在联系，主要表现在：

① 教育政策与教育法规具有共同的目的，都是国家管理教育的重要手段，都是在教育活动中应予遵循的行为准则或行为依据。

② 一般情况下，教育法规建立在教育政策的基础上，成熟稳定的教育政策会被立为教育法规。

③ 教育政策的实施需要"法"的保障，只有合法化的教育政策才能成为真正可供遵循、实施的政策。同时，政策实施的全过程都要依法进行。教育政策是实施教育法规的指导，教育法规是实现教育政策的保证。

④ 教育政策的制定应以法律为依据，法律规定了政策不能涉及的具体内容。教育法规是教育政策的具体化、条文化和定型化。

2. 教育政策与教育法规的区别

（1）基本属性不同

教育法规是通过国家的政权表现出来的国家意志，而教育政策是通过政党表现出来的统治阶级的意志，二者具有不同的属性。

（2）制定主体不同

教育法规是由国家制定和认可的，而教育政策是由党的领导机关制定的。

（3）约束力不同

教育法规在其适用范围内具有普遍约束力。教育政策的约束力较为复杂，由国家立法机关和国家行政机关制定的教育政策具有普遍的约束力，而由政党机关制定的教育政策只对政党组织及其党员有约束力。

（4）制定程序不同

制定教育法规的程序非常严格，必须遵循《中华人民共和国立法法》《行政法规制定程序条例》和《规章制定程序条例》等规定的法定程序，而且以"令"的方式颁布。制定教育政策的程序则没有这么严格，一般只需要制定主体组织集体讨论，通过后即可发布。

（5）表现形式不同

教育法规的表现形式为法、条例、规定、办法，而且不同位阶的法规用什么形式有严格的规定，例如，行政法规不能称"法"，部门规章不能称"条例"。政策的表现形式比较多样，有决议、决定、意见、纲要、通知等。在内容方面，由于法规以明确各主体的权利和义务为主，对于应当做什么、禁止做什么，文字表述上非常肯定明确。而教育政策有时可以是原则性的或指导性的，如意见、纲要等。

（6）实施方式不同

教育法规以国家强制力保障实施，规定了必须做的行为、禁止的行为以及应承担的法律责任等。教育政策的贯彻执行，则靠宣传教育、思想政治工作和党组织的领导干部工作人员发挥模范带头作用，其强制力是有一定限度的。

（7）稳定程度不同

教育法规一般是在总结党和国家的教育政策执行情况和经验的基础上，广泛集中了群众智慧和意见之后确定下来的，它具有长期性、稳定性，不宜随意变动。而教育政策则需要根据教育工作形式、任务的变化而适时调整。

（8）调整范围不同

教育法规一般是指就教育活动的基本内容和教育的基本关系加以约束规范，其调整的范围比教育政策调整的范围要小。教育政策制定的灵活性和及时性，决定了教育政策调整的范围更为广泛，它可以及时渗透到教育领域的各个方面。

3.将教育政策与法规的联系与区别用思维导图的形式梳理出来

（表格框，空白）

学习任务三　了解教育政策的体系结构

1.请小组共同学习教育政策的体系结构

　　国家和政党在不同的时期都会制定自己的教育政策，不同层次、不同类型的教育政策构成一定的体系，并在不断发展和完善的过程中形成一定的体系结构。我国现行的教育政策体系是中国共产党领导下的社会主义教育政策规范的具体体现，我们可以从纵向和横向两个方面来学习。

　　（1）纵向结构

　　我国各类教育政策按照某种内在逻辑关系可以从不同的角度进行纵向排列。例如从教育政策的等级来看，从上至下依次为总教育政策、基本教育政策、一般教育政策、特殊教育政策。具体内容如表 1-1 所示。

　　（2）横向结构

　　教育政策的横向结构是指不存在派生或包含关系的不同领域的教育政策，按照并列关系横向排列，包括基础教育政策、高等教育政策、职业教育政策、成人教育政策、特殊教育政策等。

表 1-1　教育政策的纵向结构

等级	名称	说明
第一级	总教育政策	纲领性政策，是对我国整个教育事业进行指导的政策
第二级	基本教育政策	对教育工作具有普遍的指导意义，为解决教育改革和发展的基本问题而制定的教育政策
第三级	一般教育政策	根据总教育政策和基本教育政策，对教育事业和教育活动中具体的利益关系和政策问题进行处理和安排的一系列教育文件、规定和条例等
第四级	特殊教育政策	对特殊性的教育活动以及教育活动中的特殊性问题的规定或暂行办法

2.请将我国教育政策的体系结构用思维导图的形式梳理出来

（表格框，空白）

1. 请小组共同学习教育法规的体系结构

教育法规是一个相互联系、相互协调、完整统一的法律有机整体，由一定的纵向和横向的结构联系组成，覆盖各级、各类教育中的各种法律关系。

（1）纵向结构

教育法规的纵向结构是指由不同层级的教育法律文件组成的等级、效力有序的纵向关系，这种纵向关系实际上也是我国教育法规的渊源，即教育法规的来源和外部表现形式。具体内容如表1-2所示。

表1-2　教育法规的纵向结构

层级	形式		制定机关	举例
	《中华人民共和国宪法》中的教育条款		全国人民代表大会	只是部分条款，不列入教育法规的"层级"
第一层级	教育基本法		全国人民代表大会	《中华人民共和国教育法》
第二层级	教育单行法		全国人民代表大会常务委员会	《中华人民共和国教师法》
第三层级	教育行政法规		国务院	《征收教育费附加的暂行规定》《教师资格条例》
第四层级	地方性教育法规		省级人大和有立法权的市级人大或其常委会	《上海市实施〈中华人民共和国义务教育法〉办法》
第五层级	教育行政规章	部门教育规章	教育部及国务院有关部委	《高等学历继续教育专业设置管理办法》
		地方政府教育规章	省级人民政府	《湖南省中小学校幼儿园规划建设条例》

①《中华人民共和国宪法》中的教育条款：《中华人民共和国宪法》（以下简称《宪法》）具有最高的法律地位和法律效力，是其他一切法律规定的依据。《宪法》中有关教育的条款是教育法规的根本法源，其他任何类型的教育法规都不得与之相抵触，否则无效。

② 教育基本法：教育基本法是由全国人民代表大会（简称全国人大）制定，调整教育内部、外部相互关系的基本法律准则，对教育全局起着宏观调控的作用，有人称之为"教育的宪法"或"教育法规的母法"。《中华人民共和国教育法》是我国的教育基本法。

③ 教育单行法：教育单行法一般是由全国人民代表大会常务委员会（简称全国人大常委会）制定的，规定教育领域某一方面具体问题的规范性文件，其效力低于《宪法》和教育基本法。我国的教育单行法有《中华人民共和国教师法》《中华人民共和国义务教育法》《中华人民共和国职业教育法》《中华人民共和国高等教育法》等。

④ 教育行政法规：教育行政法规是由国务院依据《宪法》和教育法律制定的关于教育行政管理的规范性文件，其效力低于《宪法》和教育法律，高于地方性教育法规和教育规章。教育行政法规的名称一般有条例、规定、办法或细则，如

《征收教育费附加的暂行规定》《中华人民共和国义务教育法实施细则》《幼儿园管理条例》等。

⑤ 地方性教育法规：地方性教育法规是省、自治区、直辖市人大及其常委会制定的规范性文件的专称，只在该行政区域内有效，其名称通常有条例、办法、规定、规则、实施细则等。我国很多省、自治区、直辖市都制定了一定数量的地方性教育法规，如《河北省实施〈中华人民共和国义务教育法〉办法》《上海市实施〈中华人民共和国义务教育法〉办法》等。

⑥ 教育行政规章：教育行政规章是中央和地方有关国家行政机关依照法定权限和程序，制定和颁布的有关教育的规范性文件，包括部门教育规章和地方政府教育规章。部门教育规章主要是就国家有关教育的法律、行政法规的实施问题制定出相应的实施办法、条例、大纲、标准等，如2017年教育部发布的《高等学历继续教育专业设置管理办法》等。地方政府教育规章是省、自治区、直辖市、新疆生产建设兵团人民政府根据地方有关教育法规，在自身权限内发布的调整教育行为的规范性文件，如2016年湖南省发布的《湖南省中小学校幼儿园规划建设条例》等。

（2）横向结构

教育法规的横向结构是指处于同一层级的部门教育法所形成的横向覆盖。一般来说，我国教育法规的横向结构主要包含以下几类。

① 教育基本法：它奠定了我国教育制度的基础，是决定我国教育发展的基本法，即已经颁布施行的《中华人民共和国教育法》。

② 基础教育法：学前教育、义务教育、初等教育、中等教育、特殊教育等教育领域的教育法规的总称，已颁布施行的《中华人民共和国义务教育法》即是基础教育法的一个组成部分。

③ 高等教育法：以高等教育为调整对象，如已颁布施行的《中华人民共和国高等教育法》。

④ 职业教育法：以各级各类职业技术教育和培训为调整对象的教育法规的总称，即已颁布施行的《中华人民共和国职业教育法》。

⑤ 成人教育或社会教育法：以各类在职人员和职后人员的教育为调整对象，包括成人教育、继续教育、终身教育等。从内容上应是我国教育法规横向结构不可缺少的方面，但目前我国尚未单独立法。

⑥ 教师法：以各级各类学校教育教学人员的地位、权利、义务、职称、考评、进修、培养等为调整对象的教育法律法规，如已颁布施行的《中华人民共和国教师法》《教师资格条例》等。

⑦ 学位法：主要就学位工作的领导和管理、学位的等级、学位授予的条件和程序等作出规定，如在2024年4月26日通过并在2025年1月1日施行的《中华人民共和国学位法》。

⑧ 教育经费投入或教育财政法：以教育经费的来源、分配、使用、核算，以及教育基建和教学设备等办学物质条件保障为调整对象的教育法规，如《国家奖学金评审办法》。

2. 请将我国教育法规的体系结构用思维导图的形式梳理出来

🌐 拓展学习

1. 学习法律文件《中华人民共和国宪法》《中华人民共和国教育法》《中华人民共和国教师法》。

2. 观看动漫系列视频《法》，并回答以下问题：在看完动漫系列视频《法》之后，除了本节课学习到的法律法规，想一想与我们生活相关的还有哪些法律？这些法律对我们生活的意义和作用是什么？你是如何理解和看待这些法律的？（本作业完成可列入学期检测）

❓ 知识巩固与练习（简答题）

1. 什么是教育政策？
2. 什么是教育法规？
3. 教育政策与教育法规之间的联系是什么？
4. 教育政策与教育法规之间的区别是什么？
5. 教育法规的纵向结构是怎样的？

💡 小组研究与讨论

学习教育政策和教育法规的体系结构后，小组成员可通过网络、书籍等多种渠道共同梳理一下我国学前教育政策与法规的类型，以分组方式进行讨论，每组选择一名代表进行分享。小组讨论过程中请参考小组讨论评价表（表1-3）进行记录与评价。

1. 教育政策的类型

按照教育政策的层次来划分：
按照教育政策的内容来划分：

按照教育政策协调的方式划分：

按照教育政策的表现形式划分：

2. 教育法规的类型

按照教育法规的创制方式和表达方式划分：

按照教育法规的效力等级和重要程度划分：

按照教育法规的规定内容划分：

 学习质量评价

参考答案 1-1

表 1-3　小组讨论评价表

日期：　　　　　　第＿＿＿＿＿＿组　　　　　　　上课教师签字：

测评维度		1	2	3	4	5	关键评价	姓名
表达力 （5分）	语言表达							
	沟通影响							
分析力 （5分）	逻辑性							
	时政性							
组织力 （5分）	组织推动							
	资源协调							
影响力 （5分）	影响意愿							
	合作意识							
评分说明	满分 20 分：18～20 分为优秀，15～17 分为良好，10～14 分为及格。							

学习主题二　学前教育政策与法规

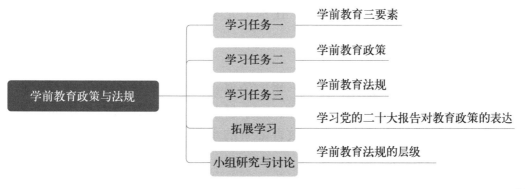

学前教育政策与法规

- 学习任务一　学前教育三要素
- 学习任务二　学前教育政策
- 学习任务三　学前教育法规
- 拓展学习　学习党的二十大报告对教育政策的表达
- 小组研究与讨论　学前教育法规的层级

学习目标

认知目标：了解学前教育三要素，了解学前教育政策与法规的作用。

能力与实践目标：了解学前教育政策与法规中对教师和保教人员的要求。

情感与价值目标：在学前教育政策与法规的学习中树立正确的教育观念，清晰学前教育三要素对学前教育事业发展的重要意义。

学习准备

物料准备：笔记本、笔。

资料准备：学前教育政策与法规电子文件。

预习准备：提前预习学前教育政策与法规电子文件。

学习形式

本节课采用小组研讨的形式进行学习。

学习任务一　学前教育三要素

学前教育作为学校教育及终身教育的奠基阶段，在整个教育体系中具有特殊的地位和作用。了解学前教育的要素，可以更好地理解学前教育政策与法规，并将这些运用到未来的工作中。学前教育的要素主要包括三个方面，一是教育者，二是受教育者，三是教育影响。

1. 教育者

教育者就是保教人员，是受社会的委托在教育机构中对学生的身心施加特定影响的专门人员。在学前教育中，保教人员承担着保育和教育的双重任务，对幼儿的身心影响深远。因此，建设一支具有专业水平和良好素养的保教人员队伍，是学前教育可持续发展的重要保障。在本单元学习主题五会重点学习保教人员的资质与权益相关的法规。

2. 受教育者

受教育者就是学生，一般是指正在学校或其他学习场所受教育的人。学前教育的受教育者是 0 ~ 6 周岁的幼儿，他们身心发展还不成熟，自我保护意识差，需要教育机构、社会、家庭的保护。在本单元学习主题六会重点学习关于儿童权利与保护的相关法规。

3. 教育影响

教育影响在教育三要素中属于"物"的要素，包括教育媒体、教育内容、教育手段、教育活动方式、教育环境等。对于学前教育来说，教育机构的管理、安全、保育与教育等都是对幼儿产生教育影响的重要因素，此部分会在本单元学习主题三、四进行重点学习。

请小组成员共同讨论，如何看待这三个要素的意义与重要性？这三个要素对学前教育事业的发展分别有什么作用？将观点写在表1-4中。

表1-4　教育的三个要素

教育的要素	观点
教育者	
受教育者	
教育影响	

学习任务二　学前教育政策

在学习主题一中我们学习过教育政策是指党和国家为实现一定历史时期的教育发展目标和任务，依据党和国家在一定历史时期的基本任务、基本方针而制定的关于教育的行动依据和准则，表现为教育路线、教育方针、教育战略、教育规划、教育决定、教育法律法规等形式。教育政策是一种典型的公共政策。从一定程度上看，教育事业正是在一种由各种政策所构筑的环境中成长与发展的。

1. 学前教育政策的作用

学前教育政策是根据学前教育事业的发展需要而制定出来的，学前教育政策规定了人们应该做什么，不应该做什么。学前教育政策的作用主要体现在以下三个方面。

（1）导向作用

学前教育政策对学前教育教学活动和人们的行为具有引导作用。首先，学前教育政策提出的教育目标引导人们为之共同努力。例如，《国家中长期教育改革和发展规划纲要（2010—2020年）》提出要"重点发展农村学前教育"，明确的目标任务极大地激发了社会各界的热情，广泛地调动社会力量来共同支持学前教育事业，全面推动了学前教育事业的发展。其次，学前教育政策提出的一系列教育发展措施更加具体地引导人们怎样做、如何做。例如，《国家中长期教育改革和发展规划纲要（2010—2020年）》提出发展农村学前教育的措施有"着力保证留守儿童入园""改扩建、新建幼儿园""充分利用中小学布局调整富余的校舍和教师举办幼儿园（班）"等，提出的这些措施能有效指导各部门开展工作，促进农村学前教育事业的发展。

（2）协调作用

学前教育政策的协调作用是指教育政策在社会发展过程中具有协调和平衡各种教育关系的作用。首先，学前教育政策协调学前教育系统内部的关系，如保教人员与幼儿的关系、园长与保教人员的关系等。其次，学前教育政策还协调学前教育系统与其他社会系统之间的关系，如幼儿园与社区的关系、幼儿园与小学的关系等。

（3）控制作用

任何教育政策都是为了解决一定的教育问题或者预防某些教育问题的出现而制定的，具有约束和规范人们行为的作用，即控制作用。在学前教育活动中，学前教育政策的控制作用是非常重要的。例如，关于"减轻中小学生课业负担"的政策规定就为人们应该怎样做、不应该怎样做规定了明确的尺度，充分表明教育政策具有极强的控制作用。

2. 我国现行的学前教育政策

《国家中长期教育改革和发展规划纲要（2010—2020年）》《国务院关于当前发展学前教育的若干意见》《国家教育事业发展"十四五"规划》《关于实施第三期学前教育行动计划的意见》。

请进行学习与思考，分别列出上述4个文件的颁布时间、文件的主要内容，记录在表1-5中，并在小组内分享。

表1-5　学前教育政策归纳

文件名称	颁布时间	主要内容（简要描述）

📚 学习任务三　学前教育法规

1. 学前教育法规的作用

在学习主题一中我们学习过教育法规的概念，学前教育法规的贯彻实施对于促进社会主义教育事业的发展，尤其是基础教育事业的发展有着重要的意义和作用。概括来说，学前教育法规的作用主要包括以下四个方面。

（1）指引作用

学前教育法规是国家以条文的形式向各种社会团体和个人宣传的教育规定和指示，明确要求各有关机关、团体和个人必须执行，其内容规定了哪些是应该或鼓励做的，哪些是不应该或禁止做的。这反映了学前教育的价值取向和政策指引，体现了国家教育部门发展的目的、方向，指引人们按照国家的目的和要求开展学前教育活动。例如，《幼儿园教育指导纲要（试行）》第一部分第四条规定："幼儿园应为幼儿提供健康、丰富的生活和活动环境，满足他们多方面发展的需要，使他们在快乐的童年生活中获得有益于身心发展的经验。"即规定了幼儿园"应该的行为"，指引幼儿园按照国家规定的培养目标培养幼儿。

（2）保障作用

学前教育法规能够保障学前儿童受教育、受尊重等权利。例如，《幼儿园教育指导纲要（试行）》第一部分第五条规定："幼儿园教育应尊重幼儿的人格和权利，尊重幼儿身心发展的规律和学习特点，以游戏为基本活动，保教并重，关注个别差异，促进每个幼儿富有个性的发展。"这为幼儿的权益提供了保障。

（3）教育作用

学前教育法规颁布的实质是要教育和规范人们学习、遵守相关规定，保护幼儿权益，其教育作用主要体现在两个方面。第一，国家把人们对教育的普遍要求凝结为稳定的教育行为规范，并向人们灌输这些规范，使其内化为人们的教育思想意识，借助于人们的教育行为得以传播。第二，学前教育法规的实施，对人们起到教育作用。一方面，教育法规对合法的教育行为的保护和鼓励，对本人和他人有激励和示范作用；另一方面，教育法规对不合法行为的制裁会警告本人和他人，如果再做此类行为也同样受到惩罚。

（4）评价作用

学前教育法规作为一种普遍的教育行为标准，具有判断、衡量人们教育行为的作用。其评价作用具有两个显著特点：突出的客观性，学前教育法规是针对所有人和所有机关的，任何组织和个人的学前教育活动或教育行为都是以教育法规为准绳的；普遍的有效性，只要人们的行为在学前教育法规的范畴内，学前教育法规的评价对他们来说就是有效的，如果不想受到法律的制裁，他们的行为就必须与教育法规一致。

2. 我国现行的学前教育法规

当前我国提倡加大力量优先发展学前教育，着力保障学前教育的质量和水平的大形势下，国家先后出台了许多法规，主要包括：《中华人民共和国未成年人保护法》《中国儿童发展纲要（2021—2030 年）》《中华人民共和国教师法》《中华人民共和国劳动合同法》《幼儿园教师专业标准（试行）》《幼儿园园长专业标准》《幼儿园管理条例》《幼儿园工作规程》《幼儿园教育指导纲要（试行）》《3 ~ 6 岁儿童学习与发展指南》《托儿所幼儿园卫生保健管理办法》《托儿所、幼儿园建筑设计规范》《中小学幼儿园安全管理办法》《中小学幼儿园安全防范工作规范（试行）》《学生伤害事故处理办法》《校车安全管理条例》《中小学幼儿园应急疏散演练指南》《幼儿园保育教育质量评估指南》《关于促进 3 岁以下婴幼儿照护服务发展的指导意见》《托育机构婴幼儿喂养与营养指南（试行）》《托育机构质量评估标准》《托育机构消防安全指南（试行）》。

请进行学习与分析，选择上述文件中的 5 个文件，列出文件的侧重点、对岗位及托幼机构的要求。记录在表 1-6 中，并在小组内分享。

表 1-6　学前教育法规归纳

文件名称	核心侧重点	对岗位的要求	对托幼机构的要求

拓展学习

　　中国共产党第二十次全国代表大会是在全党全国各族人民迈上全面建设社会主义现代化国家新征程、向第二个百年奋斗目标进军的关键时刻召开的一次十分重要的大会，党的二十大报告指出："办好人民满意的教育。教育是国之大计、党之大计。培养什么人、怎样培养人、为谁培养人是教育的根本问题。育人的根本在于立德。全面贯彻党的教育方针，落实立德树人根本任务，培养德智体美劳全面发展的社会主义建设者和接班人。坚持以人民为中心发展教育，加快建设高质量教育体系，发展素质教育，促进教育公平。"

　　作为一名新时代的保教人员要深入学习会议精神，请写一篇学习心得，字数不限。

知识巩固与练习（简答题）

　　1. 学前教育政策的作用有哪些？
　　2. 学前教育法规的作用有哪些？
　　3. 学前教育的三个要素是什么？
　　4. 教育影响都有哪些？
　　5. 请简单描述我国主要的学前教育政策与法规。

小组研究与讨论

　　"学习任务三"中介绍了我国目前颁布的学前教育法规的文件，请根据教育法规的纵向结构，小组共同研究并记录"学习任务三"中的文件分别属于纵向结构中的哪个层级。小组派一位代表在全班进行分享。格式参考表 1-7。

表 1-7　教育法规纵向结构归纳

文件名称	所属层级	主要内容（简单描述）

 学习质量评价

参考答案 1-2

表 1-8　小组讨论评价表

日期：　　　　　　第＿＿＿＿＿组　　　　　　　上课教师签字：

测评维度		1	2	3	4	5	关键评价	姓名
表达力 （5分）	语言表达							
	沟通影响							
分析力 （5分）	逻辑性							
	时政性							
组织力 （5分）	组织推动							
	资源协调							
影响力 （5分）	影响意愿							
	合作意识							
评分说明	满分20分：18～20分为优秀，15～17分为良好，10～14分为及格。							

学习主题三　托幼园所管理与运行

托幼园所管理与运行
- 学习任务一　了解《幼儿园管理条例》的制定背景
- 学习任务二　掌握《幼儿园管理条例》的主要内容
- 学习任务三　了解《幼儿园工作规程》的制定背景
- 学习任务四　掌握《幼儿园工作规程》的主要内容
- 拓展学习　学习幼儿园安全管理相关法规
- 小组研究与讨论　幼儿园大调查

认知目标：对《幼儿园管理条例》(以下简称《条例》)、《幼儿园工作规程》(以下简称《规程》)的制定背景有一定的了解，并掌握《条例》《规程》的主要内容。

能力与实践目标：能依据《条例》《规程》的内容进行分析和思考，并能独立完成对《条例》《规程》框架的梳理。

情感与价值目标：通过对《条例》《规程》内容的学习，在案例分析的基础上，建立依法办园、依法治教的价值观念。

📘 **学习准备**

物料准备：笔记本、笔。

资料准备：《幼儿园管理条例》《幼儿园工作规程》。

预习准备：提前预习《幼儿园管理条例》《幼儿园工作规程》。

📚 **学习形式**

本节课采用小组研讨、案例等形式进行学习。

📖 学习任务一 了解《幼儿园管理条例》的制定背景

> **案例** 不重视管理条例而引发的重大事故

据报道，2016年7月，河北3天内发生两起事故，3名幼儿在校车内闷死；2017年6月28日至7月13日，半个月内河北雄县、遵化、晋州、霸州四县连续发生4起类似事故，4名幼儿丧生。在这4起事故中，有3家幼儿园为未经审批备案的农村非法幼儿园。诸如幼儿园未审批备案、管理问题严重等情况频繁发生。

通过这些案例，我们发现对幼儿园的监管是刻不容缓的。我国先后颁布了《幼儿园管理条例》和《幼儿园工作规程》，主要依靠这两个法规对幼儿园管理和运行中的诸多问题，以及幼儿园举办、审批程序、保教工作、园务管理、安全卫生、职工职责等内容进行明确规定。《幼儿园管理条例》也是经过国务院批准颁发的第一个学前教育法规，它促进了中国学前教育的法治化进程。

改革开放给中国的学前教育带来了百花齐放的春天，但是幼教机构形式的多样化，以及幼儿园数量和入园幼儿数量的迅速增长，在促进我国学前教育事业发展的同时，也带来了一系列问题。例如，在审批方面，有的集体或个人不经有关部门登记注册私自办园；在办园条件方面，某些幼儿园的园舍、环境、设施并不符合国家的卫生标准和安全标准；在保教工作方面，出现了重保不重教、重教不重保、忽视游戏活动以及体罚与变相体罚幼儿等现象；在师资方面，有些幼儿园保教人员并未经过专门的培训和考核就上岗；在行政管理上，各级行政管理部门对自己的责任不够明确；在收费问题上，某些幼儿园存在乱收费现象；在财务管理上，某些单位和个人存在克扣、挪用幼儿园经费等现象。幼儿园在管理上缺乏可以遵循的标准，迫切需要出台相关文件来规范幼儿园的管理。

为了加强幼儿园的管理，促进学前教育事业的发展，1989 年 8 月 20 日国务院批准，1989 年 9 月 11 日国家教育委员会发布《幼儿园管理条例》，自 1990 年 2 月 1 日起施行，对全国幼儿园进行宏观管理和指导。尽管《条例》制定时间较早，但对于现阶段我国学前教育的发展仍具有指导意义。

学习任务二　掌握《幼儿园管理条例》的主要内容

请认真温习《条例》的内容，《条例》一共有六章三十二条内容，包括总则、举办幼儿园的基本条件和审批程序、幼儿园的保育和教育工作、幼儿园的行政事务、奖励和处罚、附则六章内容。

1. 熟悉《条例》内容后填空，并说一说对条款的理解

第三条　幼儿园的保育和教育工作应当促进幼儿在（　　　）、（　　　）、（　　　）、（　　　）诸方面和谐发展。

第四条　地方各级人民政府应当根据本地区社会经济发展状况，制订（　　　）。

第七条　举办幼儿园必须将幼儿园设置在安全区域内。严禁在（　　　）和（　　　）内设置幼儿园。

第八条　举办幼儿园必须具有与（　　　）、（　　　）的要求相适应的园舍和设施。幼儿园的园舍和设施必须符合国家的卫生标准和安全标准。

第十一条　国家实行幼儿园（　　　）制度，未经登记注册，任何单位和个人不得举办幼儿园。

第十三条　幼儿园应当贯彻（　　　）与（　　　）相结合的原则，创设与幼儿的教育和发展相适应的和谐环境，引导幼儿个性的健康发展。

第十五条　幼儿园应当使用全国通用的（　　　）。招收少数民族为主的幼儿园，可以使用本民族通用的语言。

第十六条　幼儿园应当以（　　　）为基本活动形式。

第二十三条　幼儿园（　　　）负责幼儿园的工作。

第二十四条　幼儿园可以依据本省、自治区、直辖市人民政府制定的收费标准，向幼儿家长收取（　　　）费、教育费。幼儿园应当加强财务管理，合理使用各项经费，任何单位和个人不得克扣、挪用幼儿园经费。

2. 分析下面这则案例，说一说对案例中教师的惩罚依据的是《条例》中的哪条规定，请写下来

> **案例**　幼儿园一保教人员因体罚幼儿被行政拘留

2016 年 12 月 1 日下午，在温州当地网络媒体上，部分网友以家长的身份发帖曝光某幼儿园虐待班里多名幼童。据称，此前因家长发现孩子身上有伤痕，怀疑在幼儿园被打，遂在孩子书包里放了一支打开的录音笔，收集了个别保教人员

殴打、训斥多个孩子的音频资料。事发后，当地教育局迅速成立工作组，联合公安机关连夜对该幼儿园展开调查。经查，该幼儿园保教人员郭某和周某殴打幼儿，事实清楚，证据确实充分。为此，公安机关依法对教师郭某和周某分别作出行政拘留14天和12天的处罚。涉事班级所有幼儿的学费及相关费用已全部退还给幼儿家长，园方已预约心理专家对涉事班级幼儿进行心理干预，确保幼儿心理健康。

上述案例中保教人员的行为恶劣，为坚决杜绝类似事件再次发生，教育局采取了以下四项措施：一是责令该幼儿园解聘涉事的两名教师；二是责令该幼儿园举一反三，全面进行整改；三是提请上级教育行政主管部门对该幼儿园作降级处理；四是要求全市幼儿园切实加强师德师风建设和园务管理。

处罚依据放的《条例》内容

3. 请你依据《条例》分析以下案例中园长的管理做法，把你的看法记录下来，并在小组内交流分享

◁ **案例** 园长的苦恼

某单位所属幼儿园的陈老师，在日常工作中不能很好地遵守劳动纪律，时有迟到、早退、串班聊天等情况发生。在年底发放奖金时，园长根据奖罚制度从其年终奖金扣发150元作为处罚，并奖给出满勤、工作积极认真负责的李老师，以期起到奖优罚劣、奖勤罚懒、调动职工积极性的作用。陈老师心理很不平衡，认为幼儿园工作量大，放松一下没什么了不起，况且也没出现什么意外情况，要求园长退还扣发的奖金。园长认为，既然制定了规章制度，就该认真贯彻执行，否则会挫伤本园其他职工的积极性，便拒绝了陈老师的要求。陈老师很愤怒，认为园长对自己有看法，是打击报复她，于是对园长进行人身攻击，并让家里人和自己一起到园里大吵大闹。看到园长没有让步的意思，又找到单位的上级领导哭闹，歪曲事实。而此领导在没有调查清楚的情况下轻率表态，认为批评一下就可以了，让园长把扣发的奖金还给陈老师，这样就使园长处于被动地位和两难境地。但该园长并不盲从上级领导，而是写材料呈报上级，讲明情况，并表示如果不能贯彻执行幼儿园的规章制度，那么自己无法胜任园长的工作，况且自己的做法是正确的。

上级领导对此很重视，经反复调查研究，作出决定：①给陈老师记处分一次，扣发的奖金不必退还。②表扬了该园园长对工作认真负责，把制定的规章制度贯彻执行到底的做法。（来源：张燕，刑利娅.幼儿园管理案例及评析[M].北京：北京师范大学出版社，2002：29.）

分析结果

学习任务三 　了解《幼儿园工作规程》的制定背景

　　《幼儿园工作规程》是规范我国幼儿园工作的重要的部门规章，1989 年颁布了《幼儿园工作规程（试行）》，后经国家教委修订，于 1996 年正式发布了《幼儿园工作规程》。《规程》的公布与实施推动了幼儿园的全面发展，使幼儿园工作走上法治的轨道，实施 20 多年来，对加强各级各类幼儿园的规范管理发挥了重要作用。为了加强幼儿园的科学管理，规范办园行为，提高保育和教育质量，促进幼儿身心健康，依据《中华人民共和国教育法》等法律法规，《幼儿园工作规程》已经 2015 年 12 月 14 日第 48 次部长办公会议审议通过，自 2016 年 3 月 1 日起施行。同时 1996 年 3 月 9 日由原国家教育委员会令第 25 号发布的《幼儿园工作规程》同时废止。2016 年版的《规程》在学前教育的新形势下具有重要的现实意义。

1. 新形势下加强学前教育规范管理的需要

　　《规程》是基于当时幼儿园主要由企事业单位、部队、街道和农村集体举办，幼儿园的人、财、物管理由举办单位负责，教育部门主要是提供业务指导的实际而制定的。随着经济体制的改革和市场经济的推进，幼儿园的办园体制已从过去单一的以公办为主转为多元化办园的格局，民办幼儿园数量激增，占比已超过幼儿园总数的三分之二。教育部门对幼儿园的规范管理已从计划经济条件下的业务指导转向办园资质审批和全面监管，需要不断完善管理制度，强化制度管理。

2. 推进幼儿园管理规范化和科学化的需要

　　由于长期资源不足，目前一些幼儿园在办园条件、安全卫生、教育教学、教职工管理等方面还存在很多不规范的行为，亟待通过健全规章制度，加强规范管理，引导幼儿园依法、依规办园。

3. 落实依法治教的需要

　　近年来，有关部门出台了很多涉及幼儿园规范管理的新规定，《规程》作为一部重要的学前教育规章，需要根据新形势、新要求进行修订与调整，进一步完善幼儿园管理制度，不断推进学前教育治理体系和治理能力现代化，促进学前教育的健康可持续发展。

学习任务四 　掌握《幼儿园工作规程》的主要内容

　　我国现行的《幼儿园工作规程》共分为十一章六十六条。主要包括总则，幼儿入园和编班，幼儿园的安全，幼儿园的卫生保健，幼儿园的教育，幼儿园的园舍、设备，幼儿园的教职工，幼儿园的经费，幼儿园、家庭和社区，幼儿园的管理以及附则内容。

1. 请认真学习《规程》，将《规程》的框架以思维导图的形式梳理出来

2. 小组讨论

对比《条例》中对教职工任职条件的规定，小组成员讨论，说一说《规程》中对园长及保教人员的任职条件有哪些新的规定。记录在表 1-9 中，小组派一位代表在全班进行分享。

表 1-9 《条例》与《规程》中任职条件的对比

文件名称	任职条件
《幼儿园管理条例》	
《幼儿园工作规程》	

3. 案例分析

山东某地的一所幼儿园办园规模比较小，将园址选在了一栋居民楼里，并取得了家政服务机构经营许可证。园内共有 2 间教室和 1 个儿童娱乐区，设施齐全，共有 3 名保教人员、1 名园长，接收了 56 名幼儿。

请你依据《规程》分析这所幼儿园是否可以正常开园？为什么？把分析结果记录下来，小组派一位代表在全班进行分享。

分析结果

拓展学习

幼儿园安全管理法规：《托儿所、幼儿园建筑设计规范》《幼儿园教职工配备标准（暂行）》《中小学幼儿园安全管理办法》《学生伤害事故处理办法》《校车安全管理条例》《中小学幼儿园安全防范工作规范（试行）》。

❓ 知识巩固与练习（简答题）

1. 幼儿园是一个什么样的机构？
2. 幼儿园的任务是什么？
3. 幼儿园保育教育的主要目标是什么？
4. 幼儿园的教育应当贯彻怎样的原则和要求？
5. 幼儿园保育员的主要职责有哪些？

💡 小组研究与讨论

研究主题：幼儿园大调查

研究目的：了解一所幼儿园的开办情况。

研究要求：一个小组负责研究一所幼儿园，可以是学校周边5公里区域内的一所幼儿园。

研究内容：研究幼儿园的建园规模、基础设施、办园理念、办园特色、园区环境等情况。

研究形式：采用多种调查方式收集园所资料，如网络、电话、问卷等。

研究问题：依据《幼儿园管理条例》和《幼儿园工作规程》分析这所幼儿园是否符合规定，小组为幼儿园提出改进措施或教育建议。

🎯 学习质量评价

参考答案 1-3

表1-10 小组讨论评价表

日期：　　　　　第＿＿＿＿组　　　　　上课教师签字：

测评维度		1	2	3	4	5	关键评价	姓名
表达力 （5分）	语言表达							
	沟通影响							
分析力 （5分）	逻辑性							
	时政性							
组织力 （5分）	组织推动							
	资源协调							
影响力 （5分）	影响意愿							
	合作意识							
评分说明	满分20分：18～20分为优秀，15～17分为良好，10～14分为及格。							

学习目标

认知目标：了解与保育教育相关的法规《幼儿园教育指导纲要（试行）》（以下简称《指导纲要》）、《3～6岁儿童学习与发展指南》（以下简称《指南》）、《托儿所幼儿园卫生保健管理办法》（以下简称《管理办法》）、《托育机构婴幼儿喂养与营养指南（试行）》（以下简称《营养指南》）的制定背景、基本理念，理解架构和内容。

能力与实践目标：能简单应用《指导纲要》《指南》《管理办法》《营养指南》，对其有正确的理解。

情感与价值目标：树立正确的保教观，能正确认识对待幼儿发展的理念。

学习准备

物料准备：笔、表格。
资料准备：法规文件及视频。
预习准备：提前预习《指导纲要》《指南》《管理办法》《营养指南》。

学习形式

本节课采用小组讨论、案例、视频、思维导图、调研等形式。

学习任务一 学习《幼儿园教育指导纲要（试行）》

学前儿童正处在生长发育的关键时期，身体和心理尚未发育完善，外界因素很容易影响他们的身体健康和智力发育。学前教育机构是儿童生活、游戏的重要场所，学前教育机构既要为儿童提供优质的卫生保健服务，也要对儿童进行科学的保育和教育。

1.《指导纲要》产生的背景和意义

为进一步贯彻第三次全国教育工作会议和全国基础教育工作会议精神，落实《国务院关于基础教育改革与发展的决定》，推进幼儿园实施素质教育，全面提高幼儿园教育质量，2001年7月教育部颁发了《幼儿园教育指导纲要（试行）》，并于2001年9月起施行。这标志着我国幼儿教育改革进入了一个新阶段。《指导纲要》是我国经过几十年幼儿教育改革探索而总结的理论和经验，是指导广大保教人员将《幼儿园工作规程》的教育思想和观念转化为教育行为的指导性文件，它揭示出学前教育应有的核心价值追求，倡导尊重幼儿、保障幼儿权利、促进幼儿全面和谐发展的儿童观。它的推出不仅是我国学前教育界的一件大事，也是我国学前教育改革的重要标志。虽然《指导纲要》制定的年份较早，但是五大领域的教育目标、内容与要求、指导要点仍具有重要意义。

总的来说，《指导纲要》产生的背景和意义可以总结为以下三点：《指导纲要》是我国国情的需要；《指导纲要》是我国幼儿教育改革的结晶；《指导纲要》是幼儿教育实践的强烈要求。

2.《指导纲要》的基本理念

在预习《指导纲要》的基础上，再次认真理解《指导纲要》的基本理念。

（1）"终身教育"的理念

21世纪的基础教育最重要的任务是：开发每个学生的潜能、促进他们健康个性的发展，以及初步形成为适应未来社会发展变化而终身学习的愿望和能力。这与传统观念中把基础教育定位于基础知识、基本技能和技巧的训练有很大的区别。

基础教育不仅包括基本的读、写、算能力和基本的操作技能，还为每个受教育者奠定生存的基础、做人的基础、做事的基础和终身学习的基础；换言之，就是为他们奠定一生持续发展的基础。终身教育理念洋溢着时代的精神，其丰富的人文内涵将基础教育的意义，当然也包括幼儿教育的意义升华到了新的高度，它揭示出幼儿教育应有的核心价值追求。《指导纲要》明显着眼于幼儿终身持续发展所需要的最基本的素质，如积极主动的态度、强烈的学习兴趣、有效地与环境互动的能力、初步的合作意识、责任感等，这是衡量幼儿教育质量最重要的指标。

（2）"以人为本"的理念

《指导纲要》将《规程》"促进每个幼儿在不同水平上的发展"的思想进一步扩展和深化。字里行间都旗帜鲜明地倡导尊重幼儿、保障幼儿权利、促进幼儿全面和谐发展的儿童观。

（3）面向世界的科学的幼儿教育

《指导纲要》立足于我国幼教现实，面向世界教育潮流发展的方向，注意吸收现代教育科学研究的成果，倡导对幼儿身心发展规律的尊重、对教育规律的尊重等。《指导纲要》的全部内容反映了教育科学研究的诸多成果，体现着世界教育共同的发展趋势。

请小组讨论"终身教育"的理念和"以人为本"的理念体现在哪些方面？

讨论结果

3.《指导纲要》的内容

从结构来看，《指导纲要》由四个部分组成，即总则、教育内容与要求、组织与实施、教育评价。

（1）请认真阅读《指导纲要》的内容，并用思维导图的形式梳理出来

（2）案例分析

幼儿园栅栏旁边的花儿都开了。户外活动的时候，晓晓看到开的花儿开心极了，急忙招呼其他小朋友说："大家快来看呀，迎春花开啦！"这时，洋洋大声地说："晓晓，你说得不对，这不是迎春花，这是连翘，我妈妈说了，连翘和迎春花长得不一样！"晓晓更加大了嗓门儿说："就是迎春花！"围观的孩子们都加入了晓晓和洋洋的争论中。赵老师发现孩子们对花儿产生了浓厚的兴趣，于是就引导孩子们先仔细观察，这朵花是几个花瓣？叶子是什么样子呢？花蕊是什么样子的？孩子们认真观察起来，然后赵老师请孩子们想想怎么辨别这是迎春花还是连翘呢？孩子们有的说上网查一查，有的说去百科全书里看看，还有的说去问问园长……

请小组分析案例中的赵老师的做法是否符合《指导纲要》精神？为什么？

分析结果

📖 学习任务二　学习《3～6岁儿童学习与发展指南》

1.《指南》的基本理念

为了深入贯彻《指导纲要》和《国务院关于当前发展学前教育的若干意见》，

帮助广大保教人员和家长了解3～6岁儿童学习与发展的基本规律和特点，指导幼儿园和家庭实施科学的保育和教育，促进幼儿身心全面和谐发展，全面提高科学保教水平，教育部于2012年10月发布了《3～6岁儿童学习与发展指南》。《指南》为保教人员和家长提供了育儿指南，主要突出以下基本理念。

（1）幼儿是积极主动的学习者

幼儿在生活中的每一次观察、每一次经历、每一次探索都是在学习。因此，在学前教育中，促进幼儿学习与发展最重要的是要为幼儿创造机会和条件，注重激发和保护幼儿的求知欲和学习兴趣，调动幼儿学习的积极性和主动性，支持和引导幼儿去主动探究和学习。

（2）珍惜童年生活的独特价值

幼儿阶段是人生中可塑性最强的时期，大脑的形态、结构和机能快速发展，既非常关键又非常脆弱，在人生的发展中具有不可补偿性。幼儿时期所接受教育机会的多少和质量的优劣，对幼儿社会性、情感、语言、基本认知技能以及身体动作发展等各方面产生的影响深刻而长远，将在幼儿一生中持续发挥潜移默化的作用，在人生架构中具有基础性。因此，学前教育应充分认识生活和游戏对幼儿成长的教育价值，把握蕴含其中的教育契机，让幼儿在一日生活中，在与同伴和成人的交往中感知体验、分享合作、享受快乐。

（3）尊重幼儿的学习方式和特点

幼儿的学习方式是通过直接感知、实际操作和亲身体验获取经验，学习特点是在简单的、重复的操作中习得技能。因此，广大的幼教工作者和家长要最大限度地满足和支持幼儿的需要，严禁"拔苗助长"式的超前教育和强化训练。

（4）尊重幼儿发展的个体差异

幼儿的学习方式和发展速度各有不同，在不同学习与发展领域的表现也存在明显差异。幼儿年龄越小，个体差异就越明显。成人不应要求幼儿在统一的时间达到相同的水平，应允许幼儿按照自身的速度和方式到达《指南》所呈现的发展"阶梯"。

（5）重视家园共育

《指南》强调要重视家庭教育对幼儿终身学习和发展的重要影响，倡导建立良好的亲子关系，创设平等、温馨的家庭环境，注重家长对幼儿言传身教和潜移默化的影响。只有家长和幼儿园共同努力，才能有效地促进幼儿身心健康成长。

阅读以上内容之后，说一说你对基本理念的理解，可在小组内进行分享。

2.《指南》的内容

《指南》主要包括"说明"和"主体内容"两大部分，"说明"部分的第一条指出了《指南》是为了贯彻国家政策，以及指导幼儿园和家庭实施科学的保育和教育，促进幼儿身心和谐发展，这也是《指南》制定的目的。"说明"部分的第二条指明了《指南》的核心内容与宗旨：以为幼儿后继学习和终身发展奠定良好素质基础为目标，以促进幼儿体、智、德、美各方面的协调发展为核心，帮助保教人员和家长了解3～6岁幼儿学习与发展的基本规律和特点，建立对幼儿发展的合理期望，实施科学的保育和教育，让幼儿度过快乐而有意义的童年。"说明"部分的第三条概括了《指南》的主体内容，即从健康、语言、社会、科学、艺术五个领域描述幼儿的学习与发展。《指南》采用"五大领域"架构是基于 3～6 岁儿童学习与发展的需要，因为这五大领域是儿童发展最基本、最重要的领域。此外，《指南》的这种结构安排与《指导纲要》一致，有利于保教人员在实践中的操作。

《指南》的主体内容是每个领域按照幼儿学习与发展最基本、最重要的内容划分为 2～4 个方面（子领域），每个方面由学习与发展目标和教育建议两部分组成。其中，目标部分分别对 3～4 岁、4～5 岁、5～6 岁三个年龄段末期幼儿应该知道什么、能做什么，大致可以达到什么发展水平提出了合理期望，指明了幼儿学习与发展的具体方向；教育建议部分列举了一些能够有效帮助和促进幼儿学习与发展的教育途径与方法，同时也指出了错误做法对幼儿终身发展的危害，为广大家长和保教人员提供了具体、可操作的指导。

请在熟悉《指南》说明和主体内容的基础上，用思维导图的形式梳理《指南》中各部分内容之间的关系。

3. 实施《指南》应把握的原则

① 关注幼儿学习与发展的整体性。

② 尊重幼儿发展的个体差异。

③ 理解幼儿的学习方式和特点。

④ 重视幼儿的学习品质。

请认真理解《指南》中关于"整体性""个体差异""学习品质"这三个词的定义，并从对幼儿发展支持的四个方面在表 1-11 中写出你的理解。

表 1-11　对幼儿发展支持的四个方面的理解

方面	理解
关注幼儿学习与发展的整体性	
尊重幼儿发展的个体差异	
理解幼儿的学习方式和特点	
重视幼儿的学习品质	

4. 五大领域的发展目标

《指南》从健康、语言、社会、科学、艺术五个领域详细描述了幼儿的学习与发展，每一个领域分别提出了具体的目标。请小组讨论选择一个年龄段，将这个年龄段的发展目标梳理出来，说一说这五个领域之间的关系。小组派一位代表将结果在全班进行分享。

梳理与思考

学习任务三　学习《托儿所幼儿园卫生保健管理办法》

1. 看视频来思考

观看视频《重庆市开展幼儿园食品安全专项整治活动》和《襄阳樊城区续报幼儿园食材被指过期：对园方 5 人采取强制措施》。

通过这两个视频我们可以看出，党和政府对幼儿园的食品安全非常重视，食品安全在学前教育机构中是非常重要的一项工作，因为这涉及幼儿的身心健康发展。食品安全是学前教育机构卫生保健的其中一项工作，为了促进托儿所、幼儿园卫生保健管理工作，2004 年卫生部与教育部相关领域人员开始讨论修改《托儿所幼儿园卫生保健管理办法》，经多方征集意见，于 2010 年 11 月 1 日正式发布实施《托儿所幼儿园卫生保健管理办法》。新修改的《管理办法》较之前增加了一些条款，条理更加清晰，可操作性更强。

2. 阅读《管理办法》

请认真阅读《管理办法》，小组共同讨论，完成表 1-12 中三个问题的探讨，并派一位代表在全班进行分享。

表 1-12 《管理办法》相关问题

探讨问题	探讨结果
《管理办法》制定的目的	
《管理办法》适用的范围	
《管理办法》的基本方针	

《营养指南》分为四个部分，前两个部分分别针对 6 ～ 24 月龄婴幼儿和 24 ～ 36 月龄幼儿特点，提出了喂养与营养要点。第三部分针对婴幼儿食育，就如何让婴幼儿感受、认识和享受食物，培养良好进食行为和饮食习惯，启蒙中华饮食文化，提出了指导和建议。第四部分从规章制度建设、膳食和营养要求两方面，向托育机构提出喂养和膳食管理方面的指导和建议。

请小组成员一起从《营养指南》的四个部分中选择其中一个，设计一张宣传海报或黑板报，拍摄照片并打印贴在下方。设计的海报主要用于对家长宣传《营养指南》，并派一位代表在全班分享小组的设计。

拓展学习

请认真学习以下三个文件，并做好学习笔记：《托儿所幼儿园卫生保健工作规范》《0 岁 ～ 6 岁儿童发育行为评估量表》《依法治教实施纲要（2016—2020 年）》。

知识巩固与练习（简答题）

1.《幼儿园教育指导纲要（试行）》的基本理念是什么？

2.《3 ～ 6 岁儿童学习与发展指南》中五大领域包括哪些？

3. 实施《3 ～ 6 岁儿童学习与发展指南》应把握的原则有哪些？

4.《托儿所幼儿园卫生保健管理办法》主要包括哪些内容？

5. 请简述为什么不能把《3 ～ 6 岁儿童学习与发展指南》作为一把"尺子"衡量所有的幼儿。

小组研究与讨论

请小组成员在下列两个活动中选择其中一个进行研究，并选派一位代表在全班进行分享。

1.《指南》在家庭教育中的运用

要求：设计一份建议书，针对不同年龄段的幼儿，给家长一些教育建议，并说明原因。

2.教育活动设计方案

要求：活动方案要包括活动名称、目标、准备、过程和小结，对这份活动方案进行说明，包括方案涉及哪些领域、幼儿是否得到了发展、目标的依据是什么。

 学习质量评价

参考答案1-4

表1-13　小组讨论评价表

日期：　　　　　　第＿＿＿＿＿组　　　　　　上课教师签字：

测评维度		1	2	3	4	5	关键评价	姓名
表达力 （5分）	语言表达							
	沟通影响							
专业力 （5分）	理论性							
	操作性							
组织力 （5分）	组织推动							
	资源协调							
影响力 （5分）	影响意愿							
	合作意识							
评分说明	满分20分：18～20分为优秀，15～17分为良好，10～14分为及格。							

学习主题五　保教人员的资质与权益

 学习目标

认知目标：熟悉《中华人民共和国教师法》《中华人民共和国劳动合同法》《幼儿园教师专业标准（试行）》三个法规的背景、内容。

能力与实践目标：能够通过视频、案例等形式进行分析，提升分析总结的能力。

情感与价值目标：建立正确的教师权利及义务的观念。

学习准备

物料准备：笔记本、笔。

资料准备：《中华人民共和国教师法》《中华人民共和国劳动合同法》《幼儿园教师专业标准（试行）》《幼儿园园长专业标准》文件资料、视频。

预习准备：提前预习《中华人民共和国教师法》《中华人民共和国劳动合同法》《幼儿园教师专业标准（试行）》的内容。

学习形式

本节课采用小组讨论、视频、案例、设计试题等形式。

学习任务一 学习《中华人民共和国教师法》

1.《中华人民共和国教师法》制定的背景

俗话说"百年大计，教育为本；教育大计，教师为本"。幼儿园保教人员是中国学前教育的脊梁，是我国学前教育事业改革发展的重要保障。近年来，随着学前教育的迅速发展，我国对保教人员的标准和要求逐渐提高。相应的，保教人员应享有的权益也不能忽视，它是建设幼儿园保教人员队伍的有力保障。从法律法规的角度规范幼儿园保教人员的资质与聘任要求，规定幼儿园保教人员的权利与义务，对于加强幼儿园保教人员管理，建设一支高素质、高水平的幼儿园保教人员队伍意义重大。为了把国家尊师重教的方针上升为法律，我国在很早就制定并实施了《中华人民共和国教师法》（以下简称《教师法》）。

1986 年 3 月，第六届全国人民代表大会第四次会议和中国人民政治协商会议第六届全国委员会第四次会议上，许多全国人大代表和全国政协委员提出了关于尽快制定教师法的提案和建议。此后不久，国家教委据此成立了《教师法》起草工作领导小组，着手《教师法》的起草工作。1993 年 10 月 31 日，《教师法》于第八届全国人民代表大会常务委员会第四次会议通过，自 1994 年 1 月 1 日起施行。《教师法》是在总结中华人民共和国成立四十多年特别是改革开放十五年来教师队伍建设的成功经验和广泛听取意见的基础上制定、颁行的，是我国第一部关于教师的法律。《教师法》以教师为立法对象，体现了党和国家对人民教师的重视。该法有利于从根本上提高教师的社会地位，保障教师的合法权益，使教师成为社会上受人尊重的职业；有利于加强教师队伍的建设，造就一批具有高素质的教师队伍，促进社会主义教育事业的发展。2009 年 8 月 27 日，根据第十一届全国人民代表大会常务委员会第十次会议《关于修改部分法律的决定》对《教师法》进行了修正。2021 年 11 月 29 日，教育部出台了《中华人民共和国教师法（修订草案）（征求意见稿）》，征求意见稿共九章五十七条，对总则、权利和义务、资格和准入、聘任和考核、培养和培训、保障和待遇、奖惩和申诉、法律责任、附则予以明确。

2.《教师法》的内容

《教师法》一共有九章四十三条内容，请再次认真阅读《教师法》的内容，对比征求意见稿，思考教师的权利和义务有哪些改动和变化，梳理在表1-14中，并说一说对教师的要求和保护有哪些变化？

表1-14　2009年与2021年《教师法》的变化

项目	2009年颁布的《教师法》	2021年《教师法》征求意见稿
教师的权利		
教师的义务		

3. 小组讨论

教师的权利和义务的具体表现是什么？把讨论结果记录下来，并派一位代表在全班进行分享。

教师权利和义务的具体表现

《教师法》征求意见稿中的第十二条（特别义务）规定："幼儿园、中小学教师在履行职责时，应当注重保护未成年学生的人身安全和合法权益，制止学生欺凌和其他有害于学生的行为；发生自然灾害、事故灾难、公共卫生事件等突发事件或者学生伤害事故，应当积极保护、救助学生；应当与学生父母或者其他监护人相互配合，加强对家庭教育的指导，促进家校协同育人。"

请在小组内谈一谈你对这段内容的看法，并记录下来。

分析结果

◁ 案例　范跑跑事件

范美忠，男，出生于四川省内江市隆昌市，1992年毕业于隆昌二中。1997年毕业于北京大学历史系，曾在四川自贡蜀光中学当教师，后因课堂言论辞职，转至深圳、广州、重庆、北京、杭州、成都等城市从事教育或媒体工作。后供职于四川都江堰市光亚学校。2008年5月12日汶川大地震发生时，正在课堂讲课的范美忠先于学生逃生，并因此向学校辞职。2008年5月22日其在天涯社区上发帖《那一刻地动山摇——"5·12"汶川地震亲历记》一文，细致地描述了自己在地震时所做的一切以及过后的心路历程，称"在这种生死抉择的瞬间，只有为了女儿才可能考虑牺牲自我，其他人，哪怕是我母亲，在这种情况下我也不会管。因为成年人我抱不动，间不容发之际逃出一个是一个"。此言论掀起轩然大波，被网友讥讽为"范跑跑"，并引发了一场关于"师德"的讨论。

请讨论分析，汶川大地震"范跑跑"事件反映出教育行业的问题是（　　）。
A. 教育观念缺乏先进意识
B. 教学管理缺乏规则意识
C. 教书育人缺乏真诚态度
D. 科学研究缺乏诚信精神

📖 学习任务二　学习《中华人民共和国劳动合同法》

1.《中华人民共和国劳动合同法》的制定背景

在我国目前的国情下，《教师法》并不能完全保障每一位幼儿园保教人员的合法权益，因此，有必要了解《中华人民共和国劳动合同法》（以下简称《劳动合同法》），认识劳动合同制度，明确劳动合同双方当事人的权利和义务。幼儿园保教人员与教育机构订立劳动合同时，可根据《中华人民共和国劳动合同法》）的有关规定，保护自己的合法权益。《劳动合同法》由第十届全国人大常委会第二十八次会议于 2007 年 6 月 29 日修订通过，自 2008 年 1 月 1 日起施行。根据 2012 年 12 月 28 日第十一届全国人大常委会第三十次会议《关于修改〈中华人民共和国劳动合同法〉的决定》修正。

2.《劳动合同法》的内容

《劳动合同法》一共有八章九十八条，规定了劳动合同的订立、劳动合同的履行和变更、劳动合同的解除和终止、特别规定、监督检查、法律责任等内容。

请小组成员相互交流说一说：《劳动合同法》的适用范围有哪些？劳动合同的类型有哪些？观看视频《山东一教师让幼儿互扇耳光》，如果你是法官，根据《劳动合同法》的内容会如何裁定？依据是什么？

讨论结果

📖 学习任务三　学习《幼儿园教师专业标准（试行）》

1.《幼儿园教师专业标准（试行）》的必要性

幼儿园保教人员是履行幼儿园教育工作职责的专业人员，需要经过严格的培养与培训，具有良好的职业道德，掌握系统的专业知识和专业技能，才能胜任幼教工作，助力我国学前教育事业的发展。为了在发展学前教育事业的过程中促进幼儿园教师专业发展，建设高素质幼儿园保教人员队伍，2012 年 9 月教育部根据

《教师法》制定发布了《幼儿园教师专业标准（试行）》（以下简称《专业标准》）。这一文件是国家对合格幼儿园教师专业素质的基本要求，是幼儿园教师开展保教活动的基本规范，是引领幼儿园教师专业发展的基本准则，同时也是幼儿园保教人员培养、准入、培训、考核等工作的重要依据。

《专业标准》的研制和实施是我国学前教育事业发展的需要，是适应学前教育发展形势的必然要求，也是贯彻落实《国家中长期教育改革和发展规划纲要（2010—2020年）》和《国务院关于当前发展学前教育的若干意见》的重要举措。《专业标准》是我国学前教育事业发展的需要，《专业标准》是幼儿园教师和保教人员专业发展的国际趋势，《专业标准》是落实《国家中长期教育改革和发展规划纲要（2010—2020年）》的紧迫任务。

2. 《专业标准》的基本内容架构

《专业标准》的基本内容架构包含了专业理念与师德、专业知识和专业能力三个维度、14个领域，框架结构与中小学教师专业标准基本一致，但在具体内容上有所不同。尤其是在专业能力方面，充分体现了幼儿园教育的突出特点和保教工作的基本任务，特别强调了幼儿园保教人员所必须具备的环境的创设与利用、一日生活的合理组织与保育、游戏活动的支持与引导、教育活动的计划与实施的能力等。

《专业标准》一共突出了以下五个特点：对幼儿园保教人员的师德与专业态度提出了特别要求；要求幼儿园教师高度重视幼儿的生命与健康；充分体现幼儿园保教结合的基本特点；强调幼儿园保教人员必须具备的教育教学实践能力；重视幼儿园保教人员的反思与自主专业发展能力。

请说一说你对《专业标准》这五个特点的理解。

3. 《专业标准》的内容

从结构上来看，《专业标准》由三个部分组成，即基本理念、基本内容与实施建议。请在阅读基本内容后，将基本内容以思维导图的形式梳理出来。

4. 请将《专业标准》中对保教人员的要求梳理出来，并在小组内进行分享

5. 小组讨论

你是如何理解基本理念中出现的"幼儿为本"这个词的？并举例说明如何体现"幼儿为本"？

讨论结果

🌐 **拓展学习**

请认真学习《幼儿园园长专业标准》，并将标准中的内容部分以思维导图的形式进行梳理。

❓ **知识巩固与练习（选择题）**

1. 下列叙述中，（　　）不是《中华人民共和国教师法》的立法宗旨。
A. 保障教师的合法权益
B. 建设具有良好思想品德修养和业务素质的教师队伍
C. 规范教师的教育教学行为
D. 促进社会主义教育事业的发展

2. "教师针对不同的教育教学对象，在教育教学的形式、方法、具体内容等方面进行改革、实验和完善"描述的是教师的（　　）。
A. 教育教学权　　B. 科学研究权　　　　C. 指导评价权　　　　D. 进取培训权

3. 根据《中华人民共和国劳动合同法》的规定，用人单位与劳动者自（　　）起即建立了劳动关系。
A. 用工之日　　B. 试用期满　　　　C. 面试合格后　　　　D. 签订纸质合同

4. 下列不属于园长工作的三大范畴的是（　　）。
A. 价值领导　　B. 教学领导　　　　C. 组织领导　　　　D. 理念领导

5. 下列不属于《幼儿园教师专业标准（试行）》构成的是（　　）。
A. 实施建议　　B. 基本理念　　　　C. 基本政策　　　　D. 基本内容

小组研究与讨论

请小组成员共同出一套考题，考题范围可从保教知识、卫生保健、劳动法中提取，考题形式可以是填空题、选择题或判断题形式，题目数量为 20 道题。题目拟定好后由教师审核通过，最后将所有小组的题汇总在一起，形成一套"保教人员笔试题"，请全班同学共同练习测试。

学习质量评价

1. 小组出题质量的评价得分计入每小组成员。
2. 计算试卷得分，小组互评成绩。

参考答案 1-5

学习主题六　儿童的权利与保护

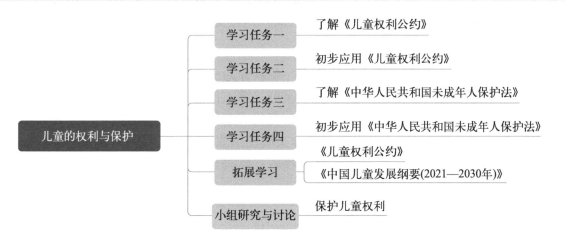

学习目标

认知目标：了解《儿童权利公约》《中华人民共和国未成年人保护法》的制定背景，知道其架构并能理解其内容。

能力与实践目标：能通过案例等形式分析《儿童权利公约》《中华人民共和国未成年人保护法》并简单应用。

情感与价值目标：建立正确的儿童权利保护及教育观念。

学习准备

物料准备：笔、纸张。

资料准备：《儿童权利公约》《中华人民共和国未成年人保护法》文件。

预习准备：提前预习《儿童权利公约》第一部分和《中华人民共和国未成年

人保护法》。

本节课采用小组讨论、案例、小组实践等形式。

📚 学习任务一　了解《儿童权利公约》

1.《儿童权利公约》的背景

儿童是国家经济社会发展和文明进步的重要组成部分，保护儿童权利是政府和人民的责任。我国是《儿童权利公约》（以下简称《公约》）决议草案的共同提案国之一，认可《公约》规定的各项儿童权利，并依法予以保护。1989 年 11 月 20 日，第 44 届联合国大会第 29 号决议通过《公约》，1990 年 9 月 2 日，《公约》在获得 20 个国家批准加入后正式生效。《公约》是第一部有关保障儿童权利且具有法律约束力的国际性约定，通过确立卫生保健、教育、法律、公民和社会服务等多方面的标准来保护儿童的权利，为世界各国儿童创造良好的成长环境。截至 2015 年 10 月，《公约》已获得 196 个国家的批准，是世界上最广为接受的公约之一。

2.《儿童权利公约》的内容

《公约》由序言和五十四项条款构成，条款分为三部分：第一部分是实质性条款，强调每一个儿童的人权都应该受重视和保护；第二部分是程序性条款，强调推广和施行的办法等；第三部分是缔约性条款，交代《公约》的批准、加入、生效、修改和保管人等。本学习任务主要对第一部分实质性条款内容进行学习与思考。

请在认真学习《公约》第一部分内容后，默写出表 1-15 中问题的答案。

表 1-15　《儿童权利公约》相关问题及答案

问题	答案
儿童是怎么界定的？	
四大原则是什么？	
什么是生存权？	
什么是发展权？	
什么是受保护权？	
什么是参与权？	

📚 学习任务二　初步应用《儿童权利公约》

‹ **案例 1**　西安某幼儿园：长期给无病孩子乱吃药

西安某幼儿园被曝长期给孩子集体服用一种抗病毒药物"病毒灵"。原因是孩子要是生病不去上学，幼儿园就收不到费用。目前，该幼儿园被勒令停业，园长及保健医生等 3 人已被公安机关拘留。

案例2 黑龙江非法幼儿园

保教人员一天打两岁半孩子4次，黑龙江某幼儿园的保教人员脚踹孩子。有视频截图显示，32个月的幼儿一天被重打4次，有一次竟被踢出半米远。后经教育局调查，此校是非法幼儿园，虐童老师已被行政拘留。

案例3 济宁市某机关幼儿园保教人员踢伤孩子生殖器

2013年4月，有家长爆料称，接到儿子所在的济宁市某机关幼儿园电话，说儿子生殖器受伤出血，当事人称不小心碰伤，到达幼儿园后才得知是保教人员用膝盖顶伤。经医生初步诊断为生殖器受外力造成挫伤破裂。

案例4 武汉一幼儿园被曝虐童

网曝幼儿园保教人员殴打孩子，对孩子揪头发、扇耳光。经核实，该事件发生在2017年11月3日武汉江汉区某幼儿园。2017年11月20日，江汉区教育局发布公告称，涉事保教人员已向家长致歉，等待后续处理。

案例5 幼儿在幼儿园被保教人员用胶带封嘴

2017年11月，湖南益阳市的一家幼儿园内传出一段虐童视频。视频中，两名儿童在幼儿园被一名女子用胶带封嘴。11月15日，赫山区教育局相关工作人员介绍，经查内容属实，教育局已介入，对涉事幼儿园及相关责任人员展开严肃追查。

小组讨论这些案例违反了《儿童权利公约》中的哪几条规定，记录在表1-16中。

表1-16 案例违反的《儿童权利公约》规定

案例	违反的规定
案例1	
案例2	
案例3	
案例4	
案例5	

在我国，目前还有一些教师对儿童权利保护意识淡薄，在从教过程中自觉或不自觉地侵犯了儿童的权益。请小组交流下表1-17中侵害儿童的表现，小组共同讨论，可以采用哪些方式方法对儿童权利保护进行宣传，请小组成员制订一份方案并在全班进行分享。说一说如果你遇到了这样的情形，你会怎么做？

表 1-17　侵害儿童的表现

侵害的权利	侵害儿童的表现
侵犯儿童受教育权	因儿童迟到、小动作、说话等将儿童赶出教室或禁止儿童参加日常活动；占用儿童的时间做一些无关的事情；拒绝身体有特殊情况的儿童入园等
侵犯儿童身体健康权	体罚：殴打儿童，命令儿童相互殴打，罚儿童面壁思过等
	变相体罚：保教人员言语侮辱、威胁儿童，保教人员借助自己的影响力孤立儿童；在公共场合批评儿童的过错，不给儿童合理的解释权
侵犯儿童财产权	非法没收、非法罚款、乱收费等
侵犯儿童人身自由权	将儿童扣留在教室、办公室，不让儿童回家，甚至不让儿童吃饭等；发生物品丢失时，检查儿童的私人物品和身体
侵犯儿童人格权	讽刺、挖苦、谩骂、刁难、起外号
性侵害	对女童进行强奸、猥亵，或对男童进行猥亵的行为
侵犯儿童休息权	占用儿童午休、周末、假期等进行训练、劳动、庆典等

"儿童权利保护" 的宣传方案

📚 学习任务三　了解《中华人民共和国未成年人保护法》

1.《中华人民共和国未成年人保护法》的制定背景

◀ **案例**　8·12 南京南站猥亵女童事件

　　2017 年 8 月 12 日晚 7 时许，南京南站候车室内发生了一起涉嫌猥亵女童案件。2017 年 8 月 14 日，南京铁路警方在河南滑县将嫌疑人段某某（男，18 岁）抓获。经调查，其同行的两名成年人为段某某父母，女童为段某某父母的养女。2017 年 8 月 28 日，南京铁路运输检察院依法以涉嫌猥亵儿童罪，将犯罪嫌疑人段某某批准逮捕。南京铁路警方依据查证事实，已以涉嫌"猥亵儿童罪"对段某某依法刑事拘留，对段某某父母依法进行调查处理。铁路警方还积极协调当地有关部门妥善安置受害女童，切实保护其合法权益。鉴于该案涉及未成年人，警方再次呼吁请广大网友从保护未成年人隐私和合法权益出发，不要扩散传播相关人员信息和案件细节，防止对受害人造成再次伤害。

　　南京南站候车室的这起猥亵女童事件，在令人震惊之余也暴露了未成年人保护方面存在的一系列短板问题。改变传统观念、加强性知识教育、完善法治建设已经成为保护未成年人涉性权益的当务之急。也只有这样，才能保护更多未成年人免受侵害，在安全的学习生活环境里健康快乐成长。

通过上述案例我们可以看出，涉案人员违反的就是《中华人民共和国未成年人保护法》（以下简称《未成年人保护法》）。我国第一部《未成年人保护法》于 1991 年 9 月 4 日经第七届全国人民代表大会常务委员会第二十一次会议通过。这部法律实施后，对保障未成年人的合法权益发挥了重要的作用。随着我国经济、社会的快速发展，未成年人保护工作出现了一些新情况、新问题，如家庭教育问题、学校保护问题以及未成年人健康成长的社会环境问题等，这些问题的出现需要从法律制度上予以回应和解决，以进一步完善未成年人保护的法律制度，调动各方面的积极性，做好未成年人保护工作。此外，我国签署了联合国《儿童权利公约》，国务院也已颁布了《中国儿童发展纲要（2001—2010年）》，这些文件中的精神和其中的一些内容也需要在《未成年人保护法》中得到体现。因此，2006 年 12 月 29 日第十届全国人民代表大会常务委员会第二十五次会议审议并高票通过了修订后的《未成年人保护法》，这是我国未成年人保护工作的一个新的里程碑。2012 年 10 月 26 日，《未成年人保护法》经第十一届全国人民代表大会常务委员会第二十九次会议修正，自 2013 年 1 月 1 日起施行，此次修改增加了"审讯未成年罪犯"的相关条款。2020 年 10 月 17 日第十三届全国人民代表大会常务委员会第二十二次会议第二次修订使保护未成年人的法规更加完善，新修订的《未成年人保护法》自 2021 年 6 月 1 日起施行。

2.《中华人民共和国未成年人保护法》的内容

我国现行的《未成年人保护法》共九章一百三十二条，主要内容包括总则、家庭保护、学校保护、社会保护、网络保护、政府保护、司法保护、法律责任、附则等。

（1）请将《未成年人保护法》的结构使用思维导图的形式进行梳理

（2）请在理解《未成年人保护法》内容的基础上，与小组成员共同讨论表 1-18 中的问题，并把讨论结果记录下来

表 1-18 《未成年人保护法》相关问题及答案

问题	讨论结果
《未成年人保护法》的立法宗旨是什么？	
《未成年人保护法》的立法依据是什么？	
学校保护中的禁止性规范有哪些？	

📚 学习任务四 初步应用《中华人民共和国未成年人保护法》

◀ 案例1 被弃养的女孩

邵某某和王某某 2004 年生育一女，取名邵某。在邵某未满两周岁时，二人因家庭琐事发生矛盾，邵某某独自带女儿回到原籍江苏省徐州市铜山区大许镇生活。在之后的生活中，邵某某觉得抚养女儿非常麻烦，就将女儿丢给亲戚抚养，便不再过问女儿的事情。

◀ 案例2 街边乞讨故事

2016 年 10 月的一个周末，山东省某县的一个街头，6 岁的女孩跟随父亲在街边一边乞讨一边写作业，此事件引发很多人的关注。

请小组成员共同探讨分析上面两个案例，结合《未成年人保护法》的内容，说一说案例中的行为是否违法，依据是什么，并将分析记录在表 1-19 中，小组派一位代表在全班进行分享。

表 1-19 案例分析

案例	分析结果
案例 1	
案例 2	

🌐 拓展学习

学习完下面两个内容后，写一篇 500 字的体会。

1.《儿童权利公约》中第二部分和第三部分的内容。

2.《中国儿童发展纲要（2021—2030 年）》。

❓ 知识巩固与练习（判断题）

1.《儿童权利公约》第一条规定："为本公约之目的，儿童系指18岁以下的任何人，除非对其适用之法律规定成年年龄不少于18岁。"（　　　）

2. 身心有残疾的儿童，由于其身体的缺陷，不应鼓励其参与社会生活。（　　　）

3.《未成年人保护法》第一条规定立法宗旨包括三个方面。（　　　）

4.《未成年人保护法》的立法依据是《宪法》,《宪法》是我国的根本大法，是治国安邦的总章程。（　　　）

5. 孩子都是父母生的，如果孩子犯了错误，父母是可以打骂孩子的。（　　　）

💡 小组研究与讨论

1. 以小组为单位，收集《儿童权利公约》中的四项基本权利相关事例。四项基本权利是生存权、受保护权、发展权、参与权。

2. 小组成员对四项基本权利的事例进行分析探讨和交流。

3. 通过交流之后，每个人都说一说对儿童权利的认识和理解。

4. 小组成员每个人制订一个"保护儿童权利行动计划"，并说明如何在实际生活中去落实行动?

🎯 学习质量评价

表1-20　小组讨论评价表

日期：　　　　　　第＿＿＿＿＿组　　　　　　　上课教师签字：

测评维度		1	2	3	4	5	关键评价	姓名
表达力 （5分）	语言表达							
	沟通影响							
专业力 （5分）	理论性							
	操作性							
组织力 （5分）	组织推动							
	资源协调							
影响力 （5分）	影响意愿							
	合作意识							
评分说明	满分20分：18～20分为优秀，15～17分为良好，10～14分为及格。							

参考答案1-6

德——职业中应遵循的道德行为

政策和法规是由国家或地方制定并强制实施的行为规范，道德是依靠人们的内心信念、传统习惯和思想教育调整行为的规范。两者各有所长，也各有所短。只有两者并立互补，协调发展，才能使国家、社会得以有效的维系和保障。由于幼儿教育活动与教育对象的特殊性，保教人员的师德、师风建设更易受到社会的关注。作为一名保教人员，应该树立正确的世界观、人生观、价值观，时时刻刻践行师德、师风建设，努力使自己成为有理想信念、有道德情操、有扎实知识、有仁爱之心的"四有"教师。

学习主题一 　保教人员职业道德及规范

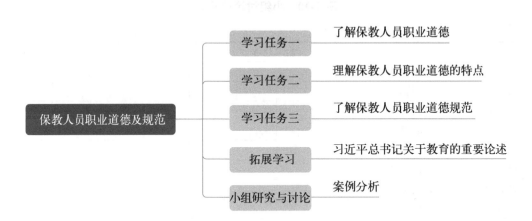

学习目标

认知目标：能了解道德、职业道德以及保教人员职业道德的含义、特点。

能力与实践目标：通过小组案例探讨的形式，能独立思考与分析保教人员职业规范。

情感与价值目标：通过对保教人员职业道德的学习与理解，能初步建立正确的职业道德观念。

物料准备：表格、笔。
资料准备：《习近平总书记关于教育的重要论述》视频。
预习准备：保教人员职业道德规范。

学习形式

本节课采用小组研讨、案例、视频等形式进行学习。

学习任务一　了解保教人员职业道德

结合自身经历，请你想一想什么是"道德"？职业是每个社会成员一种极为重要的社会活动方式，是人类生存必不可少的重要环节，那什么又是"职业道德"？思考后用自己的理解把这两个概念记录下来。

我理解的道德：

_____

_____

我理解的职业道德：

_____

_____

请在理解"职业道德"含义的基础上，认真思考什么是"教师职业道德"并记录下来。

我理解的教师职业道德：

_____

_____

_____

学习任务二　理解保教人员职业道德的特点

我国的传统教育理论对于教师的职业道德做出了"学高为师，身正为范"的科学解释，阐述了教师在职业道德方面所发挥的重要作用。保教人员因面对的对象身心还在发展中，身体各个器官发育得还不够成熟，辨别是非能力差，但是模仿能力又非常强。因此，在整个保教过程中，保教人员就会对幼儿产生榜样的作用，而这种榜样作用又是其他教育手段所不能替代的。在这个过程中，幼儿也会将保教人员表现的行为作为自己行为的标准。

保教人员是文化的传播者，不仅要肩负起幼儿生活能力的培养，还要帮助幼儿树立正确、健康的道德意识。使幼儿逐渐形成社会特征，帮助幼儿顺利实现从自然人到社会人的初期转变，让幼儿在学习与游戏中逐渐形成良好的道德品质。为了有效地实现教育目标，保教人员在传播道德理念的时候不能是被动的，应积极地传播，时刻注意自己的角色定位，自觉遵守职业道德。

由于幼儿教育活动与教育对象的特殊性，所以保教人员的职业道德相比其他行业来说更易受到社会的关注，关注的范围也更广。保教人员的职业道德不仅会对幼儿的道德产生影响，同时也会将这种道德影响传递到更多的家庭和整个社会。

根据上面三段文字描述，请小组讨论分析并归纳总结保教人员职业道德的三个特点，并把讨论结果记录在表 2-1 中，小组选一人代表发言说说你们的讨论结果。

表 2-1　保教人员职业道德的三个特点

序号	特点
1	
2	
3	

学习任务三　了解保教人员职业道德规范

保教人员职业道德规范，是指保教人员在教育职业活动中调整人们之间的利益关系，判断保教行为是非善恶的具体标准。它比职业道德更直接、更具体地指导和评价保教人员的保教行为。保教人员职业道德规范是对幼儿园保教人员职业道德行为实践的具体总结，是在广大保教人员无数次教育道德实践的基础上，由各地各部门、各幼儿园所、各位幼儿园教育工作者与诸多学前教育研究者，从我国社会和人民大众的利益出发，以社会主义道德的原则规范为指导，对保教人员的职业活动中合乎本社会和本阶级的道德关系与道德行为的共性及基本准则，加以系统的、全面的概括，并通过一定的思维形式和社会途径，使幼儿园保教人员共同遵守的行为准则。保教人员职业道德规范虽未成为国家法定条文，但能够影响、调节和支配幼儿园教师职业道德关系与道德行为，涵盖了保教人员对幼儿、对家长、对同事、对领导的价值取向，以及对保教人员自我发展的要求。

进一步理解保教人员职业道德规范，明确爱国守法是教师职业的基本要求，爱岗敬业是教师职业的本质要求，关爱学生是师德的灵魂，教书育人是教师的天职，为人师表是教师职业的内在要求，终身学习是教师专业发展的不竭动力。

◁ 案例 1　如何合理安排工作时间

幼儿园的保教人员王老师不仅人长得漂亮，而且跳舞也跳得特别好，工作之余喜欢到舞蹈社团参加一些舞蹈排练和演出。由于排练和演出都需要大量的时间，就导致她对平时的工作有一些力不从心，在教学过程中总是敷衍了事，星期五的下午经常请假把孩子们交给配班老师就离开了。

◄ **案例2** 幼儿亲手做的礼物

教师节那天，刘老师一进教室就看见桌子上放着孩子们送给自己的礼品，有鲜花，有包装精美的化妆品，有贺卡。刘老师特意拿起一张贺卡，是孩子自己画的贺卡。刘老师笑着对大家说："这张贺卡真漂亮，是小朋友自己画的吧。老师最喜欢小朋友自己动手做的礼物了。"放学时，刘老师把礼物都亲手还给了家长。

◄ **案例3** 有计划的罗老师

每年，保教人员罗老师都给自己制订一个读书计划，并且严格执行自己制订的读书计划。

◄ **案例4** 正确处理幼儿的不恰当行为

面对捣乱的幼儿，幼儿园中班的保教人员张老师采取了体罚的办法。但是李老师没有像张老师那样去做，李老师耐心地与幼儿交流，帮助幼儿改正缺点。

◄ **案例5** 老师的错误说话方式

午餐时，晨晨跷着二郎腿在小椅子上晃来晃去，东倒西歪。看到这个情况后，王老师说道："晨晨，你是有多动症吗？"

◄ **案例6** 老师的错误做法——体罚

幼儿园小班的豆豆在玩游戏的时候，总是喜欢去抢其他小朋友的玩具，对此，小班的丁老师就让豆豆站在教室的角落去想一想。

请在理解保教人员职业道德规范的基础上，对照案例以小组方式讨论、分析以下三个问题，并记录在表2-2中。

① 案例中的保教人员是否遵守了职业规范？
② 如果未遵守规范，那是违反了规范中的哪一项？
③ 应该怎么做才是正确的做法？

表2-2 小组讨论记录

序号	是/否	违反的规范内容	做法
案例1			
案例2			
案例3			
案例4			
案例5			
案例6			

🌐 **拓展学习**

观看视频《习近平总书记关于教育的重要论述》，并做学习笔记。

? 知识巩固与练习（简答题）

1. 什么是道德？
2. 什么是职业道德？
3. 什么是保教人员职业道德？
4. 什么是保教人员职业道德规范？
5. 保教人员职业道德的特点是什么？

💡 小组研究与讨论

　　大班的潇潇很任性，处处以自我为中心。音乐活动中，李老师教小朋友唱《两只老虎》，小朋友们都跟着唱，只有潇潇故意把"两只老虎"的歌词改成"两只花猫"。其他小朋友听了，也都跟着潇潇唱"两只花猫"。李老师警告潇潇："如果你再改歌词，你就到小班去待着！"但是潇潇并没有听李老师的话，继续改歌词，甚至还把调子拖得很长。李老师生气了，站起来走到潇潇面前，大声吼道："你给我出去！"潇潇哭着走出教室，李老师也没有理会，继续教小朋友唱歌。就这样，潇潇站在教室门口哭个不停，直到音乐活动结束。

　　回家后，潇潇把这件事告诉了妈妈。第二天，妈妈送潇潇上幼儿园时找李老师理论，李老师说："就是你们这些家长太溺爱孩子，孩子才会那么任性！我们对孩子进行教育，难道不对吗？"

　　请小组成员一起探讨这个案例，并分析：案例中的李老师未履行保教人员职业道德规范中的哪几项？并写出分析理由，最后派一位小组代表在班级内分享分析结果。

参考答案 2-1

总观点（可用 1 ～ 2 句话总结）：

分析依据 1：

分析依据 2：

分析依据 3：

参与人员：

发言代表：

表 2-3　小组讨论评价表

日期：　　　　　　第＿＿＿＿＿组　　　　　　上课教师签字：

测评维度		1	2	3	4	5	关键评价	姓名
表达力 （5分）	语言表达							
	沟通影响							
专业力 （5分）	理论性							
	操作性							
组织力 （5分）	组织推动							
	资源协调							
影响力 （5分）	影响意愿							
	合作意识							
评分说明	满分 20 分：18～20 分为优秀，15～17 分为良好，10～14 分为及格。							

学习主题二　保教人员师德先行

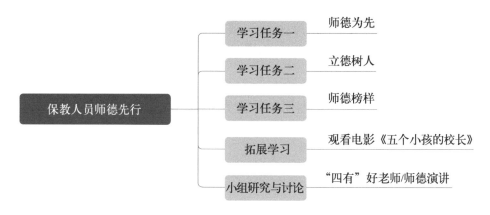

 学习目标

认知目标：通过再次学习《幼儿园教师专业标准（试行）》，明确作为一名保教人员师德为先的重要性。

能力与实践目标：通过小组研究和头脑风暴的形式，提升小组合作以及自我表达能力。

情感与价值目标：通过对师德榜样的学习，感受到师德的重要性，初步建立立德树人的正确价值观念。

学习准备

物料准备：表格、笔。

资料准备：视频《师德标兵张桂梅》《习语常听——立德树人》《地震来临瞬间——幼师飞奔保护孩子们》《最美幼师》《五个小孩的校长》，文件《幼儿园教师专业标准（试行）》。

预习准备：复习《幼儿园教师专业标准（试行）》师德为先部分的内容。

学习形式

本节课采用观看视频、小组讨论、思维导图等形式进行学习。

学习任务一 师德为先

"善之本在教，教之本在师"。教师是学生健康成长的指路人和指导者，是人类文明的传承者和创造者，是社会美好价值的坚守者和弘扬者，是建设美丽中国和托举中华民族伟大复兴梦想的重要力量。在第一单元我们学习过《幼儿园教师专业标准（试行）》的内容，《幼儿园教师专业标准（试行）》中基本理念即是整个《幼儿园教师专业标准（试行）》一以贯之的具有导向性和统管性的基本思想，是国家对合格幼儿园教师专业发展方向的宏观性指引，也是幼儿园教师自身专业构建所必备的观念性基石。理念，可以解释为理想、信念，是左右我们态度、行动的一种无形而强大的观念力量。

请从保教人员和幼儿两个角度来谈一谈为什么要师德为先，并记录下来。对小组成员的讨论内容进行汇总，每个小组选派一位代表在班级内进行发言，教师点评。

为何要师德为先？

学习任务二 立德树人

观看视频《习语常听——立德树人》，小组一起讨论："立德"和"树人"的概念是什么？"立德"和"树人"是怎样的关系？将讨论结果记录在表2-4中。

表 2-4　小组讨论记录

问题	讨论结果
"立德"的概念？	
"树人"的概念？	
"立德"与"树人"的关系？	

学习任务三　师德榜样

请共同观看视频《时代楷模——张桂梅》，请说一说你从"时代楷模"张桂梅校长的身上看到怎样一种精神？你有什么样的感受？把讨论结果记录下来。

_____

_____

_____

_____

观看视频《地震来临瞬间——幼师飞奔保护孩子们》《最美幼师》，请说一说你从视频中幼师的身上看到了怎样的师德表现？你的感受是怎样的？把讨论结果记录下来。

_____

_____

_____

_____

拓展学习

观看电影《五个小孩的校长》，并写一写你的观后感，字数不限。

知识巩固与练习（填空题）

1.（　　　）是幼儿园保教人员最基本、最重要的职业准则和规范。

2.幼儿园保教人员应秉持的基本理念有（　　　）、（　　　）、能力为重、终身学习。

3.树人就是培养（　　　）的意思。

4.习近平总书记强调"人生的扣子从一开始就要扣好"，"扣扣子"的比喻突出了（　　　）的重要性。

5.《幼儿园教师专业标准（试行）》由（　　　）、（　　　）、（　　　）三个维度构成。

小组研究与讨论

从下面两种形式中任选一种进行研究。

2014 年第 30 个教师节前夕，习近平总书记同北京师范大学师生代表座谈时发表重要讲话，勉励广大教师要做"有理想信念、有道德情操、有扎实学识、有仁爱之心"的"四有"好老师。习近平总书记提出的"四有"好老师是对教师素质能力的全面描述，也是对广大教师的谆谆嘱托和殷切期望。请小组共同讨论研究完成如下内容，记录在表 2-5 中："四有"的内涵是什么？如何才能成为"四有"好老师？

表 2-5　研讨成果

讨论内容	内涵
有理想信念	
有道德情操	
有扎实学识	
有仁爱之心	

如何成为"四有"好老师：

小组参与人：

小组也可选择"师德演讲"的形式。小组成员商议演讲的时间、地点、需要准备的物资，邀请点评教师。要求：小组成员均需参加演讲，演讲题目自拟，演讲方向为教师师德相关内容，演讲时间为每人 5 分钟，可以采用 PPT 的形式。演讲时请拍照或录像，作为教师评价的资料，并将相关信息记录在表 2-6 中。

参考答案 2-2

表 2-6　演讲相关信息

小组成员	演讲主题	演讲时间	演讲地点	点评老师

表2-7 演讲评分表

班级： 演讲主题：

姓名		演讲题目		得分
评分项目				得分
演讲内容（40分）	主题鲜明深刻，格调积极向上（15分）； 语言自然流畅，富有真情实感 （15分）； 演讲作品为原创，演讲效果良好（10分）			
语言表达（20分）	声音洪亮，口齿清晰，普通话标准（10分）； 语速适当，表达流畅，节奏张弛有度（10分）			
演讲技巧（30分）	衣着整洁，举止得体（10分）； 灵活运用语速、语调、手势（10分）； 脱稿（10分）			
仪态仪表（10分）	仪表形象良好（5分）； 临场综合表现良好（5分）			
综合得分				

注：演讲比赛可以小组方式参赛，增加集体荣誉感，促进小组与小组之间的积极竞争。

学习主题三　保教人员职业道德行为

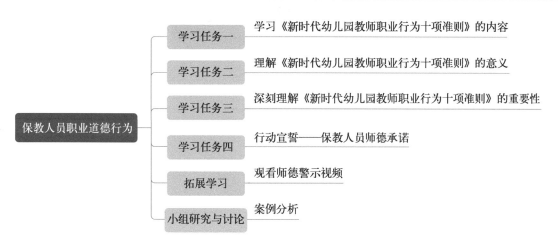

学习目标

认知目标：对《新时代幼儿园教师职业行为十项准则》《幼儿园教师违反职业道德行为处理办法》的内容有一定的认知，并能理解《新时代幼儿园教师职业行为十项准则》内容的意义。

能力与实践目标：能在小组合作和情景表演中模拟践行教师职业行为。

情感与价值目标：能在各种活动体验中对教师职业产生敬畏之心，建立在实际工作中践行正确的职业道德行为的观念。

学习准备

物料准备：表格、表演道具（依据学习任务三中小组情景表演剧本内出现的道具进行准备，道具可以使用模拟物品代替）。

资料准备：《新时代幼儿园教师职业行为十项准则》《幼儿园教师违反职业道德行为处理办法》文件和师德警示视频。

预习准备：提前预习《新时代幼儿园教师职业行为十项准则》《幼儿园教师违反职业道德行为处理办法》。

学习形式

本节课采用小组研讨、案例、情景表演等形式进行学习。

学习任务一　学习《新时代幼儿园教师职业行为十项准则》的内容

请在预习《新时代幼儿园教师职业行为十项准则》的基础上再次阅读，写一写《新时代幼儿园教师职业行为十项准则》的十项准则的内容都有哪些？记录在表 2-8 中。

表 2-8　十项准则具体内容

准则	具体内容
坚定政治方向	
自觉爱国守法	
传播优秀文化	
潜心培幼育人	
加强安全防范	
关心爱护幼儿	
遵循幼教规律	
秉持公平诚信	
坚守廉洁自律	
规范保教行为	

学习任务二　理解《新时代幼儿园教师职业行为十项准则》的意义

2012年11月，习近平总书记在十八届中共中央政治局第一次集体学习时的讲话中指出："理想信念就是共产党人精神上的'钙'，没有理想信念，理想信念不坚定，精神上就会'缺钙'，就会得'软骨病'。"

2014年9月，习近平总书记在北京师范大学师生座谈会上的讲话中指出："今天的学生就是未来实现中华民族伟大复兴中国梦的主力军，广大教师就是打造这支中华民族'梦之队'的筑梦人。"

2016年9月，习近平总书记在北京市八一学校考察时强调："广大教师要做学生锤炼品格的引路人，做学生学习知识的引路人，做学生创新思维的引路人，做学生奉献祖国的引路人。"

2018年9月，习近平总书记在全国教育大会上强调："全党全社会要弘扬尊师重教的社会风尚，努力提高教师政治地位、社会地位、职业地位，让广大教师享有应有的社会声望，在教书育人岗位上为党和人民事业作出新的更大的贡献。"

1. 小组讨论

请小组成员认真学习上述习近平总书记的讲话内容，并尝试理解内容，结合《新时代幼儿园教师职业行为十项准则》中的十项内容，共同讨论以下问题：我们为什么要学习并践行这十项准则？这十项准则的精神实质是什么？把讨论结果记录在表2-9中，小组选派一位代表进行发言，并认真记录教师的点评。

表2-9　小组讨论

讨论内容	讨论结果
为什么要学习并践行这十项准则？	
十项准则的精神实质是什么？	
教师点评	

2. 头脑风暴

请将《新时代幼儿园教师职业行为十项准则》进行分类，明确哪些是道德底线的内容，哪些是需要完成的目标，把它们梳理在表2-10中，并在小组内进行分享。

表 2-10　头脑风暴

分类	具体内容
不可触碰的道德底线	
需要完成的目标	

📖 学习任务三　深刻理解《新时代幼儿园教师职业行为十项准则》的重要性

1. 学习交流

小组共同学习《幼儿园教师违反职业道德行为处理办法》，可结合视频内容，小组成员相互交流看法，说一说违反职业道德行为的严重后果是怎样的。

2. 情景表演

根据下面这个剧本，小组成员分配角色，可自行设计台词，也可交换角色进行多轮表演。表演结束后，每个人都说一说自己的感受，并把感受记录下来。

剧本概要

这个班级有点特殊，因为班级里的幼儿是混龄，幼儿年龄从 2～5 岁不等。上午，在进行区域活动的时候，班级的罗老师在各个区域中巡视幼儿活动的情况。当走到建构区的时候，罗老师发现 4 岁的乐乐在搭建城堡时不知所措，怎么也不能把城堡的门搭建好，乐乐皱着眉头在那里发愣。罗老师观察并了解情况后走到乐乐的旁边，罗老师蹲了下来轻声对乐乐说："乐乐，你需要罗老师帮你吗？"乐乐看到蹲在旁边的罗老师瞬间开心了起来，说道："罗老师，这个城堡的门我怎么也搭不上，它总是倒下来。我不知道怎么办了！"罗老师耐心地引导着乐乐说："你看，你旁边还有一个拱形的积木，你想不想换一个试试呢？"乐乐赶紧尝试起来，在尝试的过程中，罗老师不断鼓励乐乐说："乐乐，老师相信你，你一定可以的！"最后乐乐真的把城堡的门搭建起来了！

到了中午吃午餐的时间，罗老师发现 2 岁的豆豆吃饭时勺子握法不太正确，罗老师耐心地蹲到豆豆的旁边说："豆豆，你看罗老师是怎么握的勺子，你也像罗老师这样握着勺子。"豆豆就尝试起来，罗老师还耐心地手把手教豆豆。豆豆开心极了，因为他学会了新本领。

吃完午饭到了午睡的时间，今天是由班级里的李老师进行午睡的值班工作，当小朋友都睡着的时候，晨晨说："李老师，我想去小便。"李老师特别不耐烦地说："午睡前就让你去小便，你不去，现在你又要去，不可以了，赶紧睡觉！"晨晨吓得赶紧躺了下来，又过了一会儿，晨晨小声地说："李老师，我没憋住，尿床了！"李老师生气极了，走到晨晨的床边气愤地说："怎么回事，每天都是你尿床，你都快成尿床大王了！快，一边去，到教室的椅子上坐着，别睡了！"说完，李老师不耐烦地把尿湿的被子拿到了外面晾晒。就这样，晨晨在椅子上一直坐到其他小朋友起床。

到了晚上，家长来接孩子的时候，李老师对晨晨的妈妈说："你家孩子今天又尿床了，我还帮他把被子拿去晾晒了，每天都为晨晨费了很多心，照顾你家晨晨太辛苦了！"晨晨的妈妈感受到了李老师话中的意思。第二天一早，晨晨妈妈来送晨晨上幼儿园的时候，给李老师悄悄地塞了礼物，说："我们家晨晨让李老师费心了，这个购物卡请老师收下。"李老师一看到价值500元的购物卡，毫不犹豫地收了下来。

在学期结束的时候，园长说要评选一位师德优秀的保教人员，大家投票选拔。最后这个班级的罗老师被评为"师德标兵"的称号。在领取荣誉的时候，罗老师谦虚地说："我在工作中一直以幼儿为本，时刻让自己谨记《新时代幼儿园教师职业行为十项准则》并去践行，用爱对待孩子。我会继续努力，成为孩子们心中的好老师！"

表演感受
示例： 　我扮演的是小朋友乐乐。当我在区域活动不知所措的时候，罗老师走过来了，听到罗老师温柔的鼓励"乐乐，老师相信你，你一定可以的"，看到自己第一次真的把复杂的城堡门搭建起来了，我的感受是……

3. 案例学习

◁ **案例 1** 某幼儿园保教人员陈某某体罚幼儿

2019 年 11 月，陈某某在幼儿园午休期间责令 4 名嬉戏打闹、影响他人休息的幼儿自己打自己嘴巴。陈某某的行为违反了《新时代幼儿园教师职业行为十项准则》第六项规定。根据《幼儿园教师违反职业道德行为处理办法》等相关规定，对陈某某予以解聘处理，同时给予该幼儿园园长问责处分，并对该幼儿园予以通报批评。

◁ **案例 2** 某幼儿园外籍保教人员猥亵幼儿

2019 年 1 月 25 日，一名外籍保教人员在学生午休期间，趁机对一女童进行猥亵，检察院依法对其批准逮捕，法院以猥亵儿童罪判处其有期徒刑 5 年，待其刑满后将其驱逐出境。当地教育部门约谈相关负责人，责令整改，要求该幼儿园规范办园行为，强化师德师风建设，严把保教人员尤其是外籍保教人员聘用程序，为幼儿健康成长提供根本保障。同时，对该幼儿园园长予以辞退处理，撤销该幼儿园省级和市级示范幼儿园资格。

◁ 案例3 某少儿服务中心保教人员潘某某伤害幼儿

2020 年 11 月，潘某某在制止幼儿追逐过程中将幼儿拎起落地，致其左手大拇指受伤，后受伤幼儿的两名家长对潘某某实施了殴打。潘某某的行为违反了《新时代幼儿园教师职业行为十项准则》第六项规定。根据《教师资格条例》《幼儿园教师违反职业道德行为处理办法》等相关规定，给予潘某某解除聘任合同的处理；撤销其教师资格，收缴教师资格证书，将其列入教师资格限制库，5 年内不得重新取得教师资格。对于殴打潘某某的两名幼儿家长，根据《中华人民共和国治安管理处罚法》给予 5 日以下行政拘留。

小组成员共同学习以上案例，讨论感受，说一说如果你是案例中的幼儿，会是什么感受？如果你是案例中的家长，你会怎么做？如果你是案例中的教师，你会怎么做？把小组成员每个人的感受与想法记录到表 2-11 中。

表 2-11 小组讨论记录

案例	感受心得 （分别从幼儿、家长、保教人员的角度思考）	参与人
案例 1		
案例 2		
案例 3		

📚 学习任务四 行动宣誓——保教人员师德承诺

请全体起立，在严肃的氛围下进行宣誓，宣誓内容如下。

保教人员师德承诺书

未来，我作为一名光荣的保教人员，担负着守护天使的重任。为了认真履行教师职责，严格遵守保育员职业道德规范，形成良好的师德师风，争做一名师德高尚的教育工作者，我向光荣的教师职业以及儿童、家长和社会郑重承诺：

一、爱国守法：热爱祖国，遵守《中华人民共和国未成年人保护法》《中华人民共和国教师法》《中华人民共和国民法典》《中华人民共和国义务教育法》《幼儿园管理条例》《中华人民共和国民办教育促进法》《中华人民共和国民办教育促进法实施条例》《新时代幼儿园教师职业行为十项准则》等法律法规，全面贯彻国家教育方针。

二、爱岗敬业：热爱工作，勤于进取，精于业务，无私奉献。

三、教书育人：秉承爱心与责任，启智激趣导疑，培养健康快乐有竞争力的儿童。

四、为人师表：坚守高尚情操，遵守社会公德。知荣明耻，身体力行，言行一致。

五、关爱儿童：关心爱护全体儿童，尊重儿童人格，平等公正对待儿童，保护儿童安全，关心儿童身心健康，维护儿童权益，不得以任何形式、任何原因体罚或变相体罚儿童。

六、尊重家长：主动与家长积极正向沟通，认真听取家长建议，获得支持与配合。尊重家长人格，不得收受家长任何馈赠。

七、终身学习：崇尚科学精神，树立终身学习理念，拓宽知识视野，更新知识结构。潜心钻研业务，勇于探索创新，不断提高专业素养和教育教学水平。

希望来自努力，成功源于奋斗，我深知身上肩负着守护天使的重任，我会将保育员职业道德规范和十项准则记于心中、用于实践；我会将爱心奉献于儿童及社会。我会努力实现我的诺言，决不辜负"教师"这个太阳底下最光辉的职业称号！

承诺人：

承诺日期：

拓展学习

观看师德警示视频，分析视频中保教人员都违反了哪些准则，并在小组内说一说你的分析。

知识巩固与练习（判断题）

1. 保教人员在进行教学活动时，为了帮助幼儿多学习知识，可以提前教授一些小学内容，比如拼音、百以内的加减法等。（　　）

2.《新时代幼儿园教师职业行为十项准则》的精神实质不仅是约束，更是为了避免保教人员出现"不知而错"，是对保教人员的"保护"。（　　）

3. 学习并践行《新时代幼儿园教师职业行为十项准则》是教师队伍健康可持续发展的有力保障。（　　）

4. 保教人员在工作中不得损害国家利益、社会公共利益，或违背社会公序良俗。（　　）

5. 保教人员可以组织幼儿参加以营利为目的的表演、竞赛等活动。（　　）

小组研究与讨论

"送和不送真的不一样！"丁某的女儿上了幼儿园，回家常喊"饿死了"。后来丁某给老师送了红包，老师总是给丁某的女儿加餐，女儿回来就说"撑死了"。每次送礼之后的几天，丁某的女儿往往会得到老师表扬。长此以往，丁某就形成了条件反射，"一旦老师批评女儿，我就想，是不是又要送礼了？"

请小组成员共同想一想，家长为何会有这类想法？你作为未来走上工作岗位的保教人员，你会如何面对家长的送礼行为？请把小组的研究结果记录下来。

研究结果

◎ 学习质量评价

表 2-12　角色扮演评价表

日期：　　　　　　第＿＿＿＿组　　　　　　上课教师：

评价维度	定义	考核分值对应的标准	权重	得分
角色理解能力	按照角色规范的要求采取相应的对策和行为	8～10分：对要求自己承担的工作角色有清楚的认知，能恰当地进行角色定位，按照角色的要求参与活动；语言、行为表现与角色的要求一致	20%	
		5～7分：对要求自己承担的工作角色有一定的认知，能比较恰当地进行角色定位；语言、行为表现与角色的要求比较一致		
		1～4分：对要求自己承担的工作角色没有认知，几乎不能进行角色定位，不能按照角色的要求参与活动；语言、行为表现与角色的要求不一致		
灵活应变能力	在外界事物发生改变时，所作出的反应是经过大量思考过程后做出的决策	8～10分：能迅速地作出反应，寻求非常合适的方法，使事件得以妥善解决	15%	
		5～7分：能比较迅速地作出反应，寻求比较合适的方法，使事件得以解决		
		1～4分：不能迅速地作出反应，寻求不到合适的方法，不能使事件得以妥善解决		
语言能力	将思维所得的成果用语言反映出来的一种行为，以物、事、情、理为内容	8～10分：介绍整件事情简明扼要、全面，表达清晰流畅，对事情有正确客观的评价，表达真实可信	25%	
		5～7分：介绍整件事情比较简明扼要、全面，表达比较清晰流畅，对事情有一定正确客观的评价，表达可信程度比较高		
		1～4分：介绍整件事情不清楚，对事情几乎没有正确客观的评价，表达让人怀疑		

评价维度	定义	考核分值对应的标准	权重	得分
沟通能力	是人与人之间、人与群体之间思想与感情的传递与反馈的过程，以求思想达成一致和感情通畅的能力	8～10分：能充分运用语言和文字表达自己的观点，与上级沟通时条理清晰、措辞恰当，了解工作情况	20%	
		5～7分：能运用语言和文字表达自己的观点，与上级沟通时条理比较清晰、措辞恰当，比较了解工作情况		
		1～4分：几乎不能运用语言和文字表达自己的观点，与上级沟通时很紧张，几乎不了解工作情况		
团队合作意识	是要有集体观念和团队精神，对内同企业各部门协调发展，对外选取合适的合作伙伴的能力	8～10分：有较强的共情力，能够理解和接纳他人建议，高度认同与他人合作共赢，懂得合作技巧，有较强的利他意识	20%	
		5～7分：比较重视团队合作，能够与同事、客户以及相关外部资源进行合作，有一定的合作技巧，有一定的沟通能力		
		1～4分：对团队及他人缺少关心的热情，不能与同事、客户以及相关外部资源进行合作，合作技巧薄弱，几乎很少同其他人沟通		

参考答案2-3

学习主题四　　保教人员职场中的礼仪

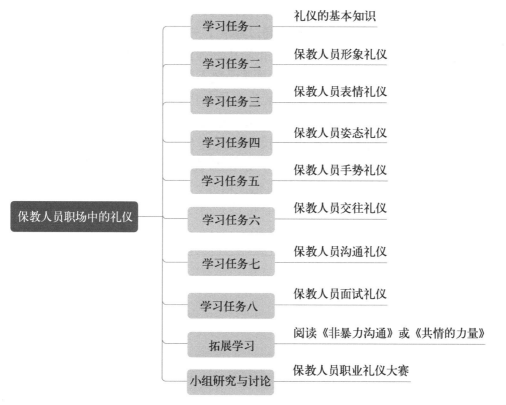

保教人员职场中的礼仪
- 学习任务一　礼仪的基本知识
- 学习任务二　保教人员形象礼仪
- 学习任务三　保教人员表情礼仪
- 学习任务四　保教人员姿态礼仪
- 学习任务五　保教人员手势礼仪
- 学习任务六　保教人员交往礼仪
- 学习任务七　保教人员沟通礼仪
- 学习任务八　保教人员面试礼仪
- 拓展学习　阅读《非暴力沟通》或《共情的力量》
- 小组研究与讨论　保教人员职业礼仪大赛

认知目标：了解礼仪的基本概念和原则，掌握职场礼仪如形象、表情、姿态、手势、交往、沟通以及面试礼仪的基本知识。

能力与实践目标：通过模拟练习，掌握形象、表情、姿态、手势、交往、沟通以及面试礼仪的使用，并能在不同的场景下选择和使用恰当的礼仪，能展现个人良好的形象。

情感与价值目标：能领悟职场礼仪的重要性和对个人发展的重要作用，能使用正确的礼仪来展现个人职业素养。

学习准备

物料准备：准备适宜保教人员职业的服饰、鞋子、化妆品，以及镜子、椅子等。

资料准备：职场礼仪照片，《非暴力沟通》《共情的力量》电子版。

预习准备：提前了解中国礼仪文化的起源。

学习形式

本节课主要采用案例、模仿、实操练习等形式进行学习。

📖 学习任务一　礼仪的基本知识

自古以来，中国在世界上就享有"礼仪之邦"的美誉。现在我国经济高度发达，教师职业的从业人员的素质也越来越高，学礼、知礼、懂礼、守礼、讲礼、行礼，早已成为现代保教人员的必修课程。懂礼施礼，才能展示保教人员的良好个人素养、职业形象和人际交流与沟通能力，才能增强保教人员的职业竞争力。

有这样一所幼儿园，幼儿园规定保教人员在进入工作岗位时需做到以下几点：检查自己的仪容仪表，保证园服整洁，头发束起，精神饱满；看到园长和其他同事时要面带微笑，热情问好；接待家长和幼儿时要积极热情，与幼儿沟通要蹲下来……这所幼儿园在当地口碑非常好，家长都说这所幼儿园的教师礼仪修养高，这所幼儿园也确实非常注重教师的各项礼仪培养。

请想一想什么是礼仪？礼仪的核心特性是什么？礼仪的原则是什么？把你的想法记录下来。

由于人们在社会中所处的地位、身份不同，因而对于形象的要求也不相同。每个人的样貌都是天生的，但是形象的打造却是后天的，仪表是否得体，是否符合职业特点，对体现保教人员的职业素养非常重要。

请认真观察图 2-1、图 2-2 中的两位保教人员，他们进入工作岗位时的妆容、发型、服饰是怎样的？请把你的观察记录在表 2-13 中。

图 2-1　男保教人员仪容仪表　　　图 2-2　女保教人员仪容仪表

表 2-13　保教人员形象记录

形象	要求
妆容	
发型	
服饰	

小组讨论保教人员上班时是否可以佩戴首饰？如果化浓妆，头发不束起，披着头发，穿着时装和高跟鞋会有哪些安全隐患和影响？小组派一位代表分享讨论的结果。

讨论结果

案例1 "你今天对客人微笑了吗？"

康拉德·希尔顿（Conrad Hilton）是世界酒店业大王，生于1887年，曾服过兵役，参加过第一次世界大战。战后退伍，他用父亲留下的2000美元和自己身上的3000美元在得克萨斯州买下了一家旅馆。凭借着自己的聪明才智、良好的管理能力以及独到的眼光，希尔顿很快就赚到了100万美元。他高兴地把这份收获告诉母亲，让母亲和自己一起享受这份喜悦。可是，母亲不以为然，意味深长地对他说："照我看，你和以前没什么不一样，不一样的只是你的领带有些脏。"这话像一盆冷水浇得希尔顿透心凉。母亲接着说："你要想把旅馆长期经营下去，就要想一个办法，让住过希尔顿旅馆的人住了第一次还想住第二次、第三次，这个办法必须是简单、容易、不花钱且持久的，只有想出这么个办法，希尔顿旅馆才有前途，这比挣到100万有用得多。"母亲的这番话让希尔顿幡然醒悟。沾沾自喜，满足于现状，没有大格局，这正是自己现在面临的问题。

"什么是钱买不来的？什么能让客人住了还想住？"希尔顿苦思冥想一直没有结果，于是就自己扮作顾客去一些商店或旅馆消费，以顾客的身份参观，感受这一切。后来，他终于找到了，满足母亲四点要求的方法就是微笑。在这之后，希尔顿经营旅馆的座右铭就是："你今天对客人微笑了吗？"这也是他所著的《宾至如归》一书的核心内容。希尔顿到每一家旅馆召集全体员工开会时都要问："现在我们的旅馆新添了一流的设备，你觉得还必须配合什么一流的东西使客人更喜欢呢？"员工回答之后，希尔顿笑着摇头说："请你们想一想，如果旅馆里只有一流的设备而没有一流服务员的微笑，那些旅客会认为我们供应了全部他们喜欢的东西吗？如果缺少服务员的美好微笑，就好比花园里失去了春天的太阳和春风。假如我是旅客，我宁愿住进虽然只有残旧地毯却处处见到微笑的旅馆，也不愿走进只有一流设备而不见微笑的地方……"

请小组讨论：为什么希尔顿说一流的微笑比一流的设备重要？可以从微笑的影响力的角度来谈一谈看法。

案例2 充满微笑的幼儿园

乐乐的妈妈带着乐乐来幼儿园参观，因为乐乐马上就到了上幼儿园的年龄了。乐乐妈妈在参观完幼儿园后，对幼儿园非常满意，当即就给乐乐报了名。园长问乐乐妈妈为什么会选择这所幼儿园时，乐乐的妈妈说："当我在幼儿园大门口时，保安微笑着接待我，当我走进幼儿园时，介绍幼儿园环境的老师也一直微笑为我讲解，我还发现，经过走廊碰见保洁阿姨时，保洁阿姨也是面带微笑跟我的孩子问好。我深深地感受到，这所幼儿园不仅仅是老师在微笑，保安和保洁这样岗位的工作人员，他们虽然不给小朋友教学，但是依然以微笑的礼仪与家长和孩子互动。这所幼儿园的文化一定是经过了很长时间才有这样的沉淀，我特别感动，这样的好幼儿园我的孩子在这里受教育一定错不了。"

请小组讨论，乐乐的妈妈为什么把幼儿园每一位教职工的微笑看得这么重要？可以从微笑对孩子教育的影响的角度来谈一谈看法。

请小组成员把两个案例的讨论结果记录下来，并选派一位代表在全班发言。

讨论结果

表情是内心感情在脸上的表现，是人际交往中相互交流的重要形式之一。在《生命是如何沟通的》一书中艾伯特·梅拉比安指出：人际沟通 =7% 语言（有具体信息含义的有声语言）+38% 语音（语调、音频、语速、语气等）+55% 表情（面部各器官的动作和身体姿态等）。在这一公式中，首先，语言是指导性的，它给出明确的话题方向，起着主导作用，而表情或者微表情则起着辅助的作用。例如，在路人向你问路的过程中，你用语言给人描述时还会用手指来指点方向，因为两者结合会使指引更加形象具体，容易达到信息的有效沟通；当你在台上演讲时，不仅嘴上滔滔不绝，往往还会加上表情、手势等，因为你需要这些辅助性的手段帮助更好地向对方传达你的意思。其次，当别人的话语明显表达出某一含义时，它能够真实反映对方所想并且醒目地显示出来，我们往往可据此来判断对方的意思。假如对方说话比较尖酸刻薄，并且嘴角明显地表现出轻蔑的动作，那么你就可以确定自己是不受欢迎的；你向许久未见的朋友问好，他虽然回答他很好，但是眼睑下垂，两眼无光，嘴唇放松，那么你可以推断事实并不像他说的那样。再者，微表情在一些语言不通或者不方便说话的场合有着重要作用。例如，你可以和聋哑人或者外国人交流过程中使用表情语言。全世界的语言虽然不能通用，但是人类的表情却是没有什么大的差异的，所以我们在看卓别林的默片时依旧能发笑，并没有被异国文化差异所阻拦；如果罗密欧与朱丽叶相聚，他们或许不用发出任何言语，感情就可通过眼神的交汇以及一颦一笑传达。

由于生活的压力和社会交往中的各种潜规则，人们越来越善于隐藏自己的真实情感。因而，我们需要借助一双"慧眼"，在反复观察的基础上审慎判断，这样就能拨开迷雾，了解最真实的部分，最大限度地发挥表情在人际沟通中的作用。同时，展现自己和善的表情，可以缩短人与人之间的距离，化解尴尬的僵局，增进彼此心灵的沟通，使人产生一种安全感、亲切感、愉快感。

保教人员在职场中运用表情礼仪的时候，使用最多的就是微笑礼和眼神礼，在运用微笑礼和眼神礼的时候要遵循以下原则：

① 敬人的原则，也就是敬人之心要常存，处处不可失敬于人，不可伤害他人的尊严，更不能侮辱对方的人格。

② 宽容的原则，就是要严于律己，更要宽以待人。

③ 适度的原则，就是要注意把握分寸，区分场合和情景才能做到得体。

④ 真诚的原则，就是内心务必要真诚，言行一致，表里如一，这样的表情才是发自内心的自然流露。

⑤ 平等的原则，平等是运用表情礼仪的核心，即尊重交往对象，以礼相待，对任何交往对象都必须一视同仁，切勿目中无人，自以为是。

1. 微笑礼

微笑礼的四要素：①嘴角微微上扬，微露牙齿；②提升颧肌，眼中含笑，亲切自然；③心含笑意，表里如一；④避免僵笑，伴随后续的动作和语言。

（1）一度微笑

一度微笑时嘴角微微向上，一般用于两人相距较远，比如5米之外的情况。

（2）二度微笑

二度微笑时嘴角上扬，嘴巴微张。一般用于两人慢慢走近的过程中，即3～5米的距离。

（3）三度微笑

三度微笑时眉开眼笑，根据每个人口齿状况的不同，露出6～8颗牙齿，一般用于两人3米之内的近距离交往，准备开始交流的情况。

2. 眼神礼

从眼神注视的方式、注视的角度、注视的时长三个方面练习眼神礼。

（1）眼神注视的方式

与人交谈时，眼神应注视着对方，使目光局限于上至对方额头区，下至对方衬衣的第二粒纽扣以上，左右以两肩为准的方框中。在这个方框中，一般有三种注视方式。

商务关系：观额头至双眼（一般用于洽谈、磋商等场合），注视的位置在对方的双眼与额头之间的三角区域。

社交关系：一般在社交场合比如聚会等场合使用，注视的位置在对方的双眼与下巴之间的三角区域。

亲密关系：观双眼至胸部，一般是在亲人之间、恋人之间或是家庭成员之间等亲近人员之间使用，注视的位置在对方的双眼和胸部之间。

（2）眼神注视的角度

平视：即视线呈水平状态，也叫正视。一般适用于在普通场合与身份、地位平等之人进行交往，如与同事交往时。

侧视：这是一种平视的特殊情况，即当自身位于交往对象对角一侧，面向对方，平视对方。关键在于面向对方，否则即为斜视对方，这是非常失礼的。

仰视：即主动居于低处，抬眼向上注视他人，表示尊重、敬畏之意，适用于面对尊长之时。

俯视：即抬眼向下注视他人，一般用于身居高处之时。它可以对晚辈表示宽容、怜爱，也可对他人表示轻慢、歧视。

（3）眼神注视的时长

通常情况下，整个交谈过程中，与对方目光接触的时长应该累计达到全部交谈过程的 50%～70%，可注视对方脸部以外 5～10 米处，这样比较自然礼貌，每次看对方的眼睛 3～5 秒，让对方感觉更自然。

请小组成员一起来练习微笑礼和眼神礼，两人为一组，依据微笑礼和眼神礼的要素进行模仿练习。请每一位小组成员都说一说，在练习的过程中你的感受是怎样的，并把感受记录下来。

感受
练习微笑礼的感受：
练习眼神礼的感受：

学习任务四 保教人员姿态礼仪

姿态是映照人自身形象的镜子。生活中良好的个人姿态是人际交往中不可或缺的部分，也是重要的加分项。一般而言，男士在交际中应自然大方，谈笑自如，说话和气，文雅谦逊，尊重他人。女士则要举止优雅，表现出女性的温柔、典雅之美。不论男士还是女士都应避免扭捏、轻佻、挤眉弄眼的姿态，否则会使人反感。在保教人员的职业场景中，面对的教育对象具有特殊性，男保教人员和女保教人员都应在规范的姿态礼仪下做到亲切自然。姿态礼仪包括站姿礼仪、坐姿礼仪、走姿礼仪和蹲姿礼仪，下面介绍具体的规范。

1. 站姿礼仪

（1）站姿的基本要领

① 头正：双目平视，颈部挺直，下颚微收，面容平和自然。

② 肩展：双肩舒展、放平，自然放松，稍向后下方下沉。

③ 臂垂：双臂放松，自然垂于身体两侧，手指并拢、自然弯曲。

④ 挺胸：后背挺直，胸部舒展，自然上挺。

⑤ 收腹：腰部挺直，腹部微微紧收，保持自然呼吸。

⑥ 提臀：臀部肌肉向内、向上收紧。

⑦ 腿直：双腿紧直，双膝紧贴，腿部肌肉向内收紧，身体重心置于双腿之间。

（2）女保教人员站姿

立正式站姿：两腿并拢站直，脚跟靠拢。双臂放松，自然下垂于体侧。虎口向前，手指自然弯曲。这种站姿适合用于政务场合或庄严场合。

丁字步站姿：双手交叉握于腰际，手指自然弯曲。双腿并拢，膝盖紧贴，双脚站成小丁字步，即一只脚的脚跟紧靠另一只脚的脚弓，脚尖分开约60°，并保持两脚的脚跟在同一直线上。双手虎口相交叠放于肚脐下三指处，手指直但不要外翘。微收下颚，面带微笑。这种站姿适用于礼节性展示场合，比如接待家长来参观等这样的迎接场合。

V字步站姿：双手交叉置于体侧或握手于腹前，双腿和脚跟并拢，脚尖分开约60°，站成小V字步。这种站姿较为自由，非正式场合都可适用。

（3）男保教人员站姿

立正式站姿：也称基本站姿，适合政务场合或者庄严场合。

前腹式分腿式站姿：双手交叉握于腹前，右手握住左手。两腿自然分开，两脚间距约半步（20厘米左右），身体重心落于两脚之间，脚步疲惫时可让重心在两脚上轮换。这种站姿适用于一般社交场合。

后背式分腿式站姿：双手交叉置于背后，右手自然贴于背部并握住左手腕。两腿自然分开，两脚间距不超过肩宽，两脚尖成60°。这种姿势比较威严，常适用于保卫、安全等职业场合。

2. 坐姿礼仪

（1）坐姿的基本要领

平缓入座：步至座前，转身缓坐，切忌沉重落座。

椅面不满：入座时，宜坐椅面的1/2或2/3，不宜将椅面坐满。

头部端正：双目平视，下颚向内微收，颈部挺直，保持端正。

躯干平直：双肩放平、下沉，腰背挺直，胸部上挺，腹部微收，臀部略向后翘，上身略向前倾。

四肢摆好：双臂自然弯曲，双手放于腿上。女士应双膝并拢，男士可双膝微开，双腿自然弯曲，双脚平落地面。

平稳离座：右脚后收半步，找支撑点，平稳起立，离开座位，切忌猛起、哈腰或左右摇摆。

（2）女保教人员坐姿

标准式坐姿：上身与大腿、大腿与小腿、小腿与地面均成直角，双腿并拢，双膝紧贴，双脚并排靠拢。双手虎口相交置于左腿上。

侧点式坐姿：上身端正，双膝紧贴，两小腿并拢平移至身体一侧，与地面约成45°，双脚平放或点地，双手互握于腹前一侧。

交叉式坐姿：上身端正，双膝紧贴，双脚在踝关节处交叉后略向身体一侧斜放，一脚着地，另一脚点地，双手互握置于腹前一侧。采用这种坐姿时，也可将双脚交叉略向后屈。

重叠式坐姿：上身端正，两小腿平移至身体右侧，与地面约成45°，左腿重叠于右腿之上，左脚挂于右脚踝关节处，脚尖向下，右脚掌着地；也可以交换两腿的上下位置，将右腿重叠于左腿之上，将两小腿移至身体左侧。

前后式坐姿：上身端正，双膝紧贴，左小腿与地面垂直，右小腿屈回，左脚掌着地，右脚尖点地，两脚前后位于同一直线上。采用这种坐姿时，可双腿互换位置。

（3）男保教人员坐姿

标准式坐姿：上身端正，与大腿垂直，双脚完全并拢，双手掌心向下分别放在两大腿上。

开膝式坐姿：上身与大腿、大腿与小腿、小腿与地面之间均成直角，双膝、双脚自然分开（不超过肩宽），脚尖朝前，双手互握置于任意一条腿上。

重叠式坐姿：上身保持端正，双腿上下交叠，左小腿垂直于地面，右腿叠于左腿上，右小腿向里收，右脚尖向下倾，双手互握置于右腿上。采用这种坐姿时，交叠的双腿可以互换位置。

3. 走姿礼仪

走姿是站姿的延续，是人体呈现的站姿的一种动态。文雅、端庄的走姿不仅能给人们以沉着、稳重、冷静的感觉，而且也是展示自己气质与修养的重要形式。同时，走姿还可以防止身体的变形走样，甚至可以预防颈椎疾病。

（1）走姿的基本要领

步态端正：昂首挺胸，收腹提臀，双肩放平、下沉，双目平视，重心稍向前倾。双臂自然地前后摆动，摆幅为 30 ～ 40 厘米，前摆幅大于后摆幅。掌心朝内，手指自然弯曲，脚尖伸向正前方，脚跟先于脚掌着地，脚尖推动不断前行。

步位平直：男保教人员的步位路线应为两条平行线，女保教人员的步位路线应尽可能为一条直线。

步幅适中：即步行时双脚中心间的距离应适中。男保教人员的步幅一般约为40 厘米，女保教人员的步幅一般约为 30 厘米。

风格有别：男保教人员应步伐矫健、稳重，展现阳刚之美；女保教人员应步伐轻盈娴雅，展现阴柔之美。

（2）走姿的"三步"规范

走姿的"三步"规范指步态、步位、步幅。

步态：正常的行走应该是脚掌、脚尖朝前，膝盖正对着前方，避免"内八字"步或"外八字"步。

步位：即脚落在地面时的位置。女保教人员双脚内侧呈一条直线，男保教人员双脚内侧呈一条直线至脚内一脚距离调整。

步幅：步幅就是跨步时两脚间的距离。标准步幅是前脚跟与后脚尖间的距离为一脚长。因此对不同的人来说，标准步幅的大小是不同的，这是随身材高矮而定的。在正常情况下，成年人每分钟走 60 ～ 100 步。使用标准步幅可以使步态更美。

4. 蹲姿礼仪

（1）蹲姿的基本要领

直腰下蹲：上身端正，一只脚后撤半步，身体重心落在位于后侧的腿上，平缓屈腿，臀部下移，双膝一高一低。

直腰起立：下蹲取物或工作完毕后，挺直腰部，平稳起立、收步。

（2）常用的蹲姿

高低式蹲姿：下蹲时，左脚在前，脚掌完全着地；右脚在后，脚掌着地，脚跟提起。屈腿下蹲后，左小腿基本垂直于地面或与地面成60°，右腿居后，右膝低于左膝，形成左高右低的姿态。采用这种蹲姿时，左、右脚可以互换。男保教人员采用这种蹲姿时，可将两腿适当分开；女保教人员采用这种蹲姿时，应将两腿靠紧，并可略微侧转。

交叉式蹲姿：下蹲时，左脚在前，脚掌完全着地；右脚在后，脚掌着地，脚跟提起。屈腿下蹲后，左小腿基本垂直于地面，右腿从左腿下方伸向左侧，两腿交叉重叠，合理支撑身体，腰背挺直，略向前倾。这种蹲姿的造型优美典雅，适用于女保教人员。采用这种蹲姿时，可左、右腿互换姿势。

请对照课件视频学习，两人一组。练习结束之后，说一说有什么感受，把感受记录下来。

📚 学习任务五　保教人员手势礼仪

手势是保教人员在职业交往中必不可少的动作，也是最有表现力的一种"体态语言"。心有所思，手有所指。手的表现力并不亚于眼睛，甚至可以说是保教人员的第二双眼睛。手势礼仪表现的含义非常丰富，表达的感情也非常微妙复杂。如招手致意、挥手告别、拍手称赞、拱手致谢、举手赞同；手抚是爱、手指是怒、手捧是敬、手遮是羞等。手势的含义，或发出信息，或表达感情。恰当使用手势礼仪表情达意，能提升保教人员与幼儿、家长、同事、领导之间的交流效果。

1. 手势礼仪的基本规范

一般认为，掌心向上的手势有一种诚恳、尊重他人的含义；掌心向下的手势意味着不够坦率、缺乏诚意等；伸出手指来指点是要引起他人的注意，含有教训人的意味。因此，引路、指示方向等时，应注意手指自然伸展并切忌伸出食指指点，这是极不礼貌的。使用手势时的动作规律是欲扬先抑，欲左先右，欲上先下，运用手势的曲线宜软不宜硬，速度不要太快。要注意手势与面部表情和身体其他部位动作的协调，才能真正体现出尊重和礼貌。同时注意手势使用不宜过多，动作不宜过大，严禁手舞足蹈。

2. 引领手势

在社交场合为他人指示方向、请他人进门、请他人坐下等情况下都需要用到引领手势。

（1）横摆式

左手置于体侧，右手五指伸直、并拢，右前臂以肘部为轴从体侧向腹前抬起，手心翻转向上，然后右前臂向身体右侧摆动，至稍前方停住。手掌与前臂在同一直线上，上身略向前倾，目视对方，面带微笑。采用此手势时，可互换左、右手姿势，也可双手同时摆向一侧。

（2）曲臂式

左手置于体侧，右手五指伸直、并拢，右前臂以肘部为轴向前抬起至腰部高度。手心翻转与地面成45°，然后右前臂向左前方摆动，至手与身体相距20厘米处停止。手掌与前臂在同一直线上，腕低于肘，上身略向前倾，目视对方，面带微笑。采用此手势时，可互换左、右手姿势。

（3）斜下式

左手置于体侧，右手五指伸直、并拢，右臂向前抬起至腹前，然后以肘部为轴向右下方摆动。手心翻转向前与地面成45°，手部、腕部、腰部在同一直线上时停止，上身略向前倾，目视对方，面带微笑。采用此手势时，可左、右手互换姿势。此手势常适用于请宾入座。

3. 递接物品

递接物品时，应起身站立，用双手递送或接取物品，同时上身略向前倾。若不方便双手并用，则可用右手递接，切忌单用左手进行。若递接双方距离过远，则应主动走近对方，双手递接。

递接物品需要注意以下几点：

① 双手递接，轻拿轻放；

② 递接物品时上身略向前倾；

③ 眼睛注视对方手部；

④ 递接资料时，文字正向对方，双手握于资料后端三分之一处，前三分之二留给对方；

⑤ 需要注意的是，递送带尖、带刃或是其他容易伤人的物品时，应将尖、刃指向自己，而"授人以柄"（图2-3）；

⑥ 向对方递送笔时，应把笔套打开，笔尖朝自己，左手握住笔后端三分之一的部分，右手轻扶笔后端，将笔前端三分之二部分留给对方，双手递给对方（图2-4）。

图 2-3　递接剪刀　　　　　　　图 2-4　递接笔

请两人为一组依据手势的基本规范，练习常见的手势礼仪，并记录练习感受。

学习任务六　保教人员交往礼仪

在保教人员的职业交往中，通过弯腰行礼和握手来表示对他人的恭敬，是普遍使用的一种礼节方式。会介绍自己也是职业交往中非常重要的内容。在保教人员的职业中，由于工作的需要，常接待家长来幼儿园参观或参加各项会议，因此需要掌握接待的礼仪。

1. 鞠躬礼仪

（1）鞠躬礼仪规范

鞠躬礼仪在行礼之前要立正站好，保持身体端正，双手自然垂放在身体两侧，面带微笑面向受礼者。行礼时，要以腰部为轴，上身向前倾，头、颈、背保持一条直线，不可将臀部向外凸出。注意在鞠躬过程中眼神要有移动，从注视对方到地面再到注视对方。此外，在行鞠躬礼时要配合"您好""早上好"等问候语，通常在早上接待幼儿与家长，或是接待家长来园参加活动、会议时比较常用。

（2）鞠躬礼的运用

鞠躬礼上半身倾斜幅度分别为 15°、30°、45° 和 90°，对受礼者的尊重程度越高，倾斜的幅度就越大。

15° 鞠躬礼：在与对方初次相识或者擦肩而过时，可以行 15° 鞠躬礼。

30° 鞠躬礼：在接待客人过程中，迎送客人时，为表示对客人的尊重和重视，往往会行 30° 鞠躬礼。

45° 鞠躬礼：在表示感谢或者领受奖品时，行 45° 鞠躬礼。

90° 鞠躬礼：90° 是最为恭敬的鞠躬礼仪，在表示自己的谦卑态度或者悔过谢罪时，深深弯腰，双手手指垂到膝部位置。

2. 握手礼仪

（1）握手的场合

见面或告别；欢迎或问候；祝贺或庆贺；表示慰问；表示感谢。

（2）握手的站姿和手姿

① 身体以标准站姿站立，两人相距 1 米左右，上身略前倾；

② 右手手臂前伸，肘关节微屈，距身体约 50 厘米（高度抬至胯骨位置）；

③ 手掌垂直于地面，拇指张开，四指并拢微向下倾，双方虎口相交，同时其余四指弯曲相互握住对方的手掌，微笑注视着对方并配合相应问候语（图 2-5）。

图 2-5　握手礼仪

（3）握手的注意事项

① 握手的时间：一般情况下上下晃动 2～4 下，最长不超过 10 秒钟。时间过短，有敷衍了事的嫌疑；时间过长，会让对方感到尴尬。

② 握手的力度要适中，稍许用力以示热情。男士之间握手，用力稍重一些；女士之间握手，用力稍轻一些；男士与女士握手，不可用力较重。

③ 握手时要寒暄。握手时，随意说一些问候语，比如"您好""祝贺你""非常感谢您"等。

（4）握手的原则

① 一般情况下遵循"尊者优先"的原则，即由尊者先伸出手，位低者在后给予反应，而不可贸然抢先伸手，以确定交往双方身份有别，尊重对方。

② 在常规情况下，男士与女士握手时女士先伸手。上级与下级握手时上级先伸手。长辈与晚辈握手时长辈先伸手。已婚女士与未婚女士握手时已婚女士先伸手。

③ 家里或是幼儿园来了客人，客人到达时，主人先伸手表示欢迎。客人告辞时，客人先伸手，表示感谢。

④ 正式场合，没有年龄和性别的区分，只有职务、地位和身份高低之分。男上司与女下属，男上司应先伸手。年轻的上司和年长的下属，年轻的上司先伸手。

3. 接待礼仪

（1）接待时的礼仪规范

穿着得体，举止大方：当被指定为接待教师时，要身着园服，得体大方。在接待过程中注意行为举止，做到表情自然又不失热情。

热情细致，耐心沟通：待客有方，应主动、周到且善解人意，如果接待的是不速之客，要尽快上报领导，妥善处理。

专注工作，礼貌待人：在接待时一定要集中精力，对对方的话表示浓厚的兴趣，不要心不在焉，切不可在接待时有玩手机等非常不礼貌的行为。

（2）接待过程的礼仪规范

接待时，应提前10～15分钟到达指定的接待地点准备迎候。在迎接时要灵活运用"3S"原则：起身迎接（stand），不管来到幼儿园的是年龄多大的家长或是客人，都应立即起身欢迎对方；眼里有人（see），集中注意力，正视家长，让家长或客人感受到自己受到重视和尊重；面带微笑（smile），一个自然且发自内心的真挚微笑，会让家长或客人感受到亲切，和家长、客人之间的距离一下子就会拉近很多。

上下楼礼仪：在引导家长或客人上下楼时，一般情况下接待或陪同人员应走在家长或客人的前面为其指引方向，距离家长或客人2～4个台阶，面带微笑，视线要随时留意家长或客人的情况。

请两个人一组练习鞠躬、握手、拜访、接待的礼仪，并且相互点评一下练习的方法是否正确。

📖 学习任务七 保教人员沟通礼仪

语言沟通，包括口头语言、书面语言、图片或是图形语言。语言沟通是人们信息交流中必不可少的方式。保教人员在职场工作中有非常多的工作都要靠沟通来完成，比如与领导汇报工作、与同事教研交流、与家长沟通孩子的在园情况等。

非语言沟通是相对于语言沟通而言的，是指通过身体动作、体态、语气语调、空间距离等方式交流信息、进行沟通的过程。在沟通中，信息的内容往往通过语言来表达，而非语言作为提供解决内容的框架，来表达信息的相关部分，因此非语言沟通通常被误认为辅助性沟通方式。现实生活中存在大量非语言沟通，如一个眼神、一个细微的动作、一个简单的肢体语言、一个表情等。非语言沟通中最为人们所知的是肢体语言和语调，包括人的仪表、举止、语调、声调和表情等。

语言沟通礼仪和非语言沟通礼仪都是保教人员在职场工作中必学必备的能力，所以本任务我们一起来学习语言沟通和非语言沟通的礼仪。

1. 语言沟通的礼仪

语言沟通时，面对他人要有正确的仪态和仪容，面带微笑，眼神充满关切，切忌表情漠然，无精打采。与人沟通时，服装要整洁统一，展现正式和专业的形象。与人沟通时，保持适当的距离，采用正确的站姿和坐姿。

2. 语言沟通的要求

① 语音清晰，语调平稳，语速适中。

②摒弃口头禅。

③使用规范的职场语言。

④认真聆听，注意眼神交流。

⑤沟通时面带微笑。

⑥使对方感受到你的真诚。

3. 非语言沟通的礼仪

空间距离，即在沟通时利用和理解空间的方式，包括谈话的距离、座位的布置等。沟通过程当中注意表现出来的音质、音量、语速、语调、笑声等。

4. 非语言沟通的要求

（1）肢体语言礼仪技巧

在非语言沟通中，应善于运用肢体语言的礼仪，用得体的肢体语言为沟通服务，如注意上身的倾斜度、手势的高度、站姿的选取等。

（2）表情礼仪技巧

表情是优雅风度的重要组成部分。构成表情的主要元素是目光和笑容。

目光：与人交谈时，目光应当注视着对方，这样才能表现出诚恳与尊重。呆滞的、疲倦的、轻视的、左顾右盼的目光都是不礼貌的。

笑容：笑容有很多种，有微笑、大笑、冷笑、嘲笑等，不同的笑表达不同的情感。发自内心的微笑是美好的，人们的交往应从微笑开始。微笑表达了尊重、理解和友善。

刘老师：您好，小明妈妈，最近我发现小明在幼儿园的表演游戏活动中总是不太愿意参与，您能和我聊聊他在家的情况吗？

家长：刘老师，我也注意到了。小明在家也不太喜欢表演或者模仿，总是很害羞的样子。

刘老师：那小明平时和其他小朋友相处得怎么样？

家长：他和其他小朋友玩得挺好的，就是不太喜欢在大家面前表现自己。

刘老师：我明白了。可能是小明比较内向，不太适应在众人面前表演。另外，也有可能是他对表演游戏的内容不太感兴趣。

家长：刘老师，您说得有道理。小明确实比较内向，不过他最近对动画片里的超级英雄特别着迷，对其他内容不太感兴趣。

刘老师：那我们可以试着从这方面入手，比如安排一些与超级英雄有关的表演游戏，看看小明会不会更愿意参与。

家长：这个主意不错，我可以试着在家和他一起玩些超级英雄的游戏，帮他建立自信。

刘老师：对，家长的鼓励和支持非常重要。同时，我们也会在幼儿园里多关注小明，给他一些鼓励和肯定，让他慢慢适应在众人面前表现自己。

家长：谢谢老师，我会配合您的。希望小明能尽快克服这个困难，变得更加开朗自信。

刘老师：不用客气，我们一起努力，相信小明会越来越好的。

请两人一组，依据提供的这个案例进行沟通练习，练习前请先认真想一想：案例中的家长是什么想法？保教人员刘老师的语言是否妥当？如果是你在接待这位家长，沟通时都会使用到哪些语言沟通礼仪和非语言沟通礼仪？然后两人进行模拟练习，最后把练习心得记录下来。

学习任务八 保教人员面试礼仪

刚刚毕业准备找工作的小王，接到了一所幼儿园的面试通知。面试当天小王精心打扮，头发是黄色的披肩大卷，带着蓝色美瞳，白皙的小脸简直就是个洋娃娃。她特别自信地来到幼儿园的面试办公室。面试官问小王问题时，小王自我介绍得支支吾吾，也不能很好地倾听面试官的问题，答非所问。最终小王没能通过面试。那么她的失误在哪里呢？在面试前精心打扮自己，是为了表达求职者对工作岗位的重视，这一点无可厚非。但是在进行自我形象设计前，不能忽略保教人员职场形象的岗位要求。保教人员的形象要求头发扎起，化淡妆，自我介绍时要大方自信，并要具备一定的沟通和倾听能力。但是小王的心理素质、形象等都与岗位要求有着严重的冲突。

面试，是求职者步入职场的第一场实战，在之前的学习任务中学习的各项礼仪内容，在面试中都是需要融会贯通的，这也是一名学生步入社会前的一场特殊的"成人礼"。下面从面试准备、面试礼仪及面试后续礼仪三个方面来进行学习和模拟练习。

1. 面试准备

（1）打造个人形象名片

仪容仪态：首先要悦纳自身，就是熟知自己的身高、体重、维度、上下身的比例，这是选择合体衣装、展示个人形象美的基础。其次要学会扬长避短，知道如何通过化妆、服饰和形象设计等方式来掩饰自身的缺陷，烘托优点，这是展现仪态的必要手段。再次要做到将学习到的待人接物的礼仪融入生活，成为自身修养的一部分，举手投足之间散发仪表礼仪之美。最后要注意知行合一，就是在道德情操和学识上不断挖掘内涵，塑造自己淳朴高尚的内心世界和蓬勃向上的生命机体，不断修炼自己的内在美与外在美的和谐统一。

知己知彼：面试前必备功课，就是要充分了解要去面试求职的单位的综合情况。例如我们要去面试一所幼儿园，就需要提前了解这所幼儿园的创建背景、教育理念与特色、招聘岗位的具体工作内容与职责等，以便让自己在面试沟通时有的放矢。

（2）面试中的礼节

个人资料准备：好的求职材料可以帮助招聘人员迅速准确地判断出求职者是否适合其所招聘的岗位，所以准备好一份简历是非常重要的。

面试着装：面试着装非常重要，因为面试官会根据穿着来初步判断求职者的性格、喜好以及对此次面试的重视程度。如果着装要求与这所幼儿园的招聘要求比较一致，自然会拉近和面试官的心理距离，因此要根据面试岗位的特点来着装。女保教人员的着装款式可以保守一些，颜色可以适合自己，不要过于沉重也不要过于鲜艳。如果穿裙装不要过短，上衣衣领不可过低；如果面试佩戴首饰，以简单作为点缀即可，不可过多；尽量不穿高跟鞋，矮粗跟或是舒适的休闲鞋都可。男保教人员穿着简单舒适即可，注意不可有怪异发型，不留长指甲，胡子要刮干净，口气清新。

（3）面试中的语言沟通与交流

面试是招聘人员考核求职者的综合素质及能力的关键环节，面试沟通侧重观察语言表达能力、逻辑思维能力、问题分析与判断能力、与他人合作与沟通能力。因为还不具备工作经验或是经验不丰富，在回答自己不知道的问题时，要本着实事求是的态度，谦虚地表示以后努力学习，切忌不懂装懂。

（4）其他准备

调整心态：在面试前要注意调整好自己的心态，在面试前适度的紧张是正常的，但是太紧张就会影响面试时的发挥，所以要调整好心态，从容面对。

保证睡眠：这是第二天良好精神状态的重要保证。有些初次面试的求职者由于过度紧张，在面试头一天晚上辗转反侧，难以入眠，这会导致面试不利。

出门前确认：出门前要再次确认面试的时间、地点，确保准确无误。

提前到达：参加面试提前到达地点是很重要的，也可以利用提前到达的时间调节心情，把准备好的面试问题梳理一遍，也可以把自我介绍练习一遍。

2. 面试礼仪

展示良好的修养，要求表现得体，有礼、有节、有德，给面试官留下严谨、规范、专业的印象。人的自身修养是衡量其道德水准的有效途径，是反映求职者精神面貌的一面镜子。

良好修养表现为在面对面的交流中，能充分展现出自身长处，自信、亲和、积极、友善，庄重大方、讲究礼貌、热情友好、谈吐文雅。

良好修养十大法则：守时守约、关好手机、入室敲门、面带微笑、主动问候、站有站相、坐有坐相、双手递物、不贸然伸手握手、注意举止礼节。

（1）敲门和握手

在未接到正式面试通知之前，不要擅自进入面试室，应该等到通知面试时才进入。进入面试室时，无论屋门是否关闭，都应该轻轻敲门，以示尊重，得到允许后方可走进室内。进门后转身将门关上，动作要轻，切忌"砰"地用力把门合上。手放在下装上，保持手心干燥。面试官如果主动伸出手，与之握手要坚定有力。通常求职者要等面试官首先伸手。但是如果面试官是位先生，而求职者是位女士，女士也可以先伸手。一般认为，女性求职者向对方先伸出手，显示了开放和友好，可以在结束时与面试官握手告别，表达谢意。

（2）微笑和眼神

在与面试官面谈前，微微致意后大方微笑，眼神专注诚恳地对视，表情自然，不要过于严肃或畏缩。要主动与面试官打招呼。如果多位面试官同时在场，眼神应顾及所有人，向大家表达你的尊重和诚意。

（3）自我介绍

面试时先自我介绍，说明来意。面谈过程中，虽然面试官可能已通过个人简历、求职信了解了一些情况，但面对面的介绍可加深印象，给对方以立体感。自我介绍一般要求简短传神，层次清晰，言之有物，并对简历加以一定的润色，使自身优势和所求职位的适配性更高。

（4）坐姿

面试中坐姿非常重要。面试官没有请坐时，切忌急于坐下，否则将被视为傲慢无礼。面试官让座时，应表示谢意，在指定位置就座，保持良好的坐姿。女生应双膝并拢，穿着裙装时应注意坐姿。男生的双脚分开比肩宽略窄，双手自然地放置于大腿上。不要抖腿、晃腿。如果面试官指明坐在对面，可以稍稍侧靠一点，坐时要精神抖擞，切忌懒散，尤其不要伏在面试官桌上。稳稳当当坐在座位上，双手自然地放在腿上，会给人一种镇静自若、胸有成竹的感觉。切忌与面试官坐得太近、太远或太高。如任自选座位，可挑直背座椅。

（5）倾听与回答

倾听能更好地了解企业的人和事，有时可以获得大量所需信息。当面试官谈话时，恰当的做法是：身体微微向前倾斜，留心其谈话。要领是：注意力集中，神态上作出积极反应，不轻易打断面试官说话。如遇到未听明白或想进一步了解的情况，等对方把一个意思讲完再有礼貌地问询。心不在焉是面试大忌，眼睛东张西望、不断地打岔插嘴、畏首畏尾、保持缄默都不恰当。认真倾听每一个问题，同时给予对方一定的互动，比如适当地点头，表示在听并且已经听懂。作答时不要故弄玄虚，否则会给人不诚实、不稳重的感觉。如果遇到没把握的问题，可以找邻近话题作为切入点，迂回展开，运用语言技巧将话题过渡到擅长的方向，不要方寸大乱，语无伦次。

3. 面试后续礼仪

在面试结束之后，可以运用面试后续礼仪，那就是致谢或问询。通常在面试两三天后，最好给主招聘人员打个电话，或是发送感谢短信，这样既可以加深其印象，也可以增大求职成功的可能性。

（1）致谢

电话：在面试后一两天，选择合适时间给主招聘人员打感谢电话。电话要简短，最好不要超过3分钟。面试官曾告知有问题可以打电话询问，可借机委婉询问是否还有面试机会以及自己是否被录用。

微信或邮件：招聘人员对求职者的记忆是短暂的，表达感谢是一个非常好的策略，也能显示与其他求职者的不同，现在很少会有求职者比较主动、有仪式感地表达感谢，这样做会体现出你的用心。致谢以微信形式或邮件方式都可，主要体现以下几点：感谢信是写给某个具体负责人，信的开头应报自己的姓名、面试岗位以及面试时间，并对主招聘人员表示感谢。中间部分要重申对该单位该职位的兴趣或是增加一些对求职成功有用的新内容。结尾可适当表达渴望得到这份工作的心情，以及为应聘单位发展壮大作出贡献的决心。

（2）问询

面试结束两周左右，如果还没有任何回音，可以给负责招聘的相关人员打电话，询问面试结果。电话要注意两个细节：时间及方式。若知道没有被录用，要冷静、热情地请教原因，可以说："对不起，我想请教一下我没有被录取的原因，我好再努力……"谦虚的态度可能赢得对方的同情，也有可能获得下一次面试机会。询问面试结果，最多打3次电话。如果用人单位想聘用，会及时联系，再多的电话会适得其反。当然，没有被录用也不需要气馁，全力应对下一个面试机会即可，不要因此对面试失去信心。

请两人一组，先梳理面试时会用到哪些基本礼仪知识。然后一人扮演求职者，一人扮演面试官，模拟面试过程，并把模拟练习后的心得记录下来。

面试礼仪知识梳理

沟通心得

🌐 **拓展学习**

从下面两本书中选择其中一本书阅读，写一写你的收获并制订一个行动计划，在学习与生活中，你会如何践行非暴力沟通或是共情沟通的方法。

《非暴力沟通》一书的作者是马歇尔·卢森堡博士。依照非暴力沟通的方式来谈话和聆听，能使人们情意相通，和谐相处。在教师职业中，与他人沟通是需要方法的。在《非暴力沟通》一书中一共有十四章内容，有沟通具体操作的方法与技巧，所有的方法都围绕非暴力沟通的四个要素——观察、感受、需要和请求，来表达自己、化解愤怒、说出感激。主要的目的是建立人与人之间健康的关系。

在《共情的力量》一书中，作者通过分享自己的亲弟弟大卫、毕业于美国常青藤耶鲁大学的戈登，以及单身母亲卡罗琳等人的故事，来探索共情的作用。作者解释了共情与同情的不同，如何利用共情寻找爱情，如何成为一名积极的共情式倾听者。作者认为共情是生活必不可少的部分，并阐述了如何借助诚实、谦逊、接纳、宽容、感恩、信念、希望和宽恕等 8 种行为来获得共情能力。

？ 知识巩固与练习（填空题）

1.（　　　）是内心感情在脸上的表现，是人际交往中相互交流的重要形式之一。

2. 姿态礼仪包括站姿礼仪、（　　　）礼仪、（　　　）礼仪和蹲姿礼仪。

3. 在递接物品时，应（　　　），用（　　　）递送或接取物品，同时，上身略向前倾。

4. 语言沟通包括（　　　）、（　　　）、图片或是图形。语言沟通是人们信息交流的必不可少的方式。

5. 一般认为，掌心（　　　）的手势有一种诚恳、尊重他人的含义；掌心（　　　）的手势意味着不够坦率、缺乏诚意等。

小组研究与讨论

小组成员共同设计一个关于保教人员职业礼仪大赛的方案，设计内容可参考下方提示，以 PPT 的形式呈现。由本节课授课教师审核通过方案后，再按照方案组织落实。

1. 职业仪态展示

内容：在职业情境中展示微笑、眼神、站姿、坐姿、蹲姿、走姿、手势、鞠躬等内容。

比赛方式：按照抽签的方式排序进行。

比赛时长：每人展示 1～2 分钟。

2. 职业礼仪演讲

内容：演讲主题为"保教人员与礼仪"，通过演讲展示良好的职业素养，树立良好的职业形象。

比赛方式：按照抽签的方式排序进行。

比赛时长：每人演讲 3～5 分钟。

3. 礼仪知识竞赛

内容：参考本学习主题中的内容。

形式：可以是个人抢答，也可以是小组接力答题或其他。

参考答案 2-4

综合评价人由教师、学生代表共同担任。

表 2-14　角色模拟考核评价表

日期：　　　　　　　　　　　第　　　　组　　　　　　　　上课教师：

评价维度	定义	考核分值对应的标准	权重	得分
角色理解能力	按照角色规范的要求采取相应的对策和行为	8～10分：对要求自己承担的工作角色有清楚的认知，能恰当地进行角色定位，按照角色的要求参与活动；语言、行为表现与角色的要求一致	20%	
		5～7分：对要求自己承担的工作角色有一定的认知，能比较恰当地进行角色定位；语言、行为表现与角色的要求比较一致		
		1～4分：对要求自己承担的工作角色没有认知，几乎不能进行角色定位，不能按照角色的要求参与活动，语言、行为表现与角色的要求不一致		
灵活应变能力	在外界事物发生改变时，所作出的反应，是经过大量思考过程后做出的决策	8～10分：能迅速地作出反应，寻求非常合适的方法，使事件得以妥善解决	15%	
		5～7分：能比较迅速地作出反应，寻求比较合适的方法，使事件得以解决		
		1～4分：不能迅速地作出反应，寻求不到合适的方法，不能使事件得以妥善解决		
语言能力	将思维所得的成果用语言反映出来的一种行为，以物、事、情、理为内容	8～10分：介绍整件事情简明扼要、全面，表达清晰流畅，对事情有正确客观的评价，表达真实可信	25%	
		5～7分：介绍整件事情比较简明扼要、全面，表达比较清晰流畅，对事情有一定正确客观的评价，表达可信程度比较高		
		1～4分：介绍整件事情不清楚，对事情几乎没有正确客观的评价，表达让人怀疑		
沟通能力	是人与人之间、人与群体之间思想与感情传递与反馈的过程，以求思想达成一致和感情通畅的能力	8～10分：能充分运用语言和文字表达自己的观点，与上级沟通时条理清晰、措辞恰当，了解工作情况	20%	
		5～7分：能运用语言和文字表达自己的观点，与上级沟通时比较条理清晰、措辞恰当，比较了解工作情况		
		1～4分：几乎不能运用语言和文字表达自己的观点，与上级沟通时很紧张，几乎不了解工作情况		
团队合作意识	是要有集体观念和团队精神，对内同企业各部门协调发展，对外选取合适的合作伙伴的能力	8～10分：有较强的共情力，能够理解和接纳他人建议，高度认同与他人合作共赢，懂得合作技巧，有较强的利他意识	20%	
		5～7分：比较重视团队合作，能够与同事、客户以及相关外部资源进行合作，有一定的合作技巧，有一定的沟通能力		
		1～4分：对团队及他人缺少关心的热情，不能与同事、客户以及相关外部资源进行合作，合作技巧薄弱，几乎很少同其他人沟通		

学习主题五　保教人员与幼儿互动礼仪

学习任务一　了解培养幼儿礼仪的重要性
学习任务二　与幼儿日常语言互动的礼仪
学习任务三　入园时的互动礼仪
学习任务四　集体活动中的礼仪
学习任务五　生活活动中的礼仪
学习任务六　公共场所礼仪
学习任务七　保教人员礼仪与职业道德
拓展学习　世界各国的礼仪知识
小组研究与讨论　礼仪教育环境创设

保教人员与幼儿互动礼仪

学习目标

认知目标：了解保教人员培养幼儿礼仪的重要性，掌握培养幼儿礼仪的基本知识。

能力与实践目标：通过模拟练习，能站在幼儿的立场掌握集体活动、生活活动以及公共场所的幼儿礼仪要求。并能通过方案设计、环境创设等形式来实践对幼儿礼仪的培养。

情感与价值目标：能换位思考，理解培养幼儿礼仪的重要性。

学习准备

物料准备：纸张、剪刀、胶带等。

资料准备：幼儿礼仪照片。

预习准备：温习《3～6岁儿童学习与发展指南》。

学习形式

本节课主要采用案例、模仿、实操练习、环境创设等形式进行学习。

学习任务一　了解培养幼儿礼仪的重要性

教育家陶行知先生指出：凡人生所需之重要习惯、倾向、态度多半可以在六岁之前培养成功。幼儿期是人一生中可塑性最强的时期，可在这一时期帮助幼儿传承中华礼仪，建立健全人格，培养其尊重、真诚、谦让、友善的优秀品质和良好的行为习惯，使孩子终身受益。

《3～6岁儿童学习与发展指南》中健康领域的教育建议提出让幼儿保持有规律的生活，养成良好的作息习惯，如早睡早起、每天午睡、按时进餐、吃好早餐等。学习和掌握生活自理的基本方法，如穿脱衣服和鞋袜、洗手洗脸、擦鼻涕、擦屁股的正确方法。具备基本的安全知识和自我保护能力，如遵守交通规则等。语言领域的教育建议提出，引导幼儿学会认真倾听，在公共场合不大声说话，不说脏话、粗话。结合情境提醒幼儿一些必要的交流礼节，如对长辈说话要有礼貌，客人来访时要打招呼，得到帮助时要说谢谢等；提醒幼儿遵守集体生活的语言规则，如轮流发言、不随意打断别人讲话等；提醒幼儿注意公共场所的语言文明，如不大声喧哗等良好的语言文明习惯。社会领域的教育建议提出，成人以身作则，以尊重、关心的态度对待自己的父母、长辈和其他人，如经常问候父母、主动做家务、礼貌地对待老人、坐车时主动为老人让座。帮助幼儿了解基本行为规则或其他游戏规则，教育幼儿要诚实守信等。从这些领域的教育建议中可以看出，幼儿礼仪教育是非常重要的。

依据《3～6岁儿童学习与发展指南》的教育建议，请你认真想一想，对幼儿可以进行哪些礼仪教育？请把你的思考记录下来。

思考结果

学习任务二　与幼儿日常语言互动的礼仪

案例1　无奈的萱萱

上课时，杨老师给小朋友们介绍如何保护牙齿，这时候萱萱举手问老师："老师，为什么牙齿里会有虫呢？牙齿里的虫和我们平时见到的虫一样吗？"杨老师听完非常不耐烦地说："我正在讲如何保护牙齿，我讲牙齿里有虫吗？你怎么那么多问题。别再问了，嘴巴闭上，烦死了！"萱萱听后，很无奈地把手放下来了。萱萱很疑惑，因为她根本不知道老师为什么会这么说她。

案例2　开心的子欣

中午午餐时，姜老师照顾着小班的幼儿进餐。姜老师一边看小朋友的进餐情况，一边问："请问，还有哪位小朋友需要添加米饭呢？"这时，子欣举起小手说："姜老师，我还想再添点米饭！"姜老师赶紧走到子欣的身边，给子欣添了米饭。子欣说："谢谢姜老师！"姜老师回复道："不客气，子欣！"子欣开心地继续吃午餐。午餐结束后，姜老师看到子欣一点都没有浪费，还把掉在桌子上的残渣收拾到了残渣盘里，走过去对子欣说："子欣，老师要表扬你，因为老师看到你今天吃午饭吃得特别干净，没有浪费，还把残渣都收拾好了，真是棒棒的小朋友！"

子欣听到姜老师的表扬，开心极了。

案例3　爱提问的邓老师

邓老师今天组织了一节非常有趣的美术活动，活动内容与白杨有关。邓老师在教学时适时提问："白杨树干上的大眼睛会看到什么呢？你们快看看，白杨的身上像什么呢？"小朋友们纷纷说着自己的看法，不论小朋友说出的答案是什么，邓老师都夸赞小朋友们真棒，并且还鼓励小朋友。小朋友们在邓老师的肯定和鼓励下都发挥了自己的想象力，有的在树林里画了很多小朋友在捉迷藏，有的还画了外星人，有的还画了……

案例4　蓝色的太阳

有一天放学，乐乐的妈妈来接乐乐，看到今天的作品栏里的作品是太阳，于是就把乐乐带到作品旁边问道："乐乐，你看别的小朋友画的都是红色的太阳，怎么只有你画蓝色的，太阳怎么能是蓝色的呢？你快去教室里拿红色的彩笔，把太阳的颜色改过来！"这段对话正好被李老师听到了，李老师就对乐乐的妈妈说："乐乐妈妈，当你发现孩子的想法和我们的想法不一样时，先不要用批评的语言和孩子沟通，你可以先问问乐乐，为什么把太阳画成蓝色的。"乐乐妈妈听到李老师的话也觉得有道理，就问乐乐。乐乐回答道："妈妈，你每次去超市买东西的时候，我看太阳晒得你出了很多汗，你提着东西真辛苦！我想让太阳变成蓝色的，就没有那么晒了，这样妈妈就不会晒出汗了！"听完乐乐的解释，乐乐妈妈的眼睛湿润了。

案例5　无声的爱

午睡时间到了，小班的寝室里小朋友很快就安静地入睡了，只有入园才几天的点点在床上翻来翻去，一边抽泣一边喃喃自语："我不要睡这儿，我要找妈妈。"当班的老师听到了，微笑着走到点点的床边，坐下摸了摸她的头，用手帕帮点点擦掉眼泪，然后一边轻轻地哼着催眠曲一边用手轻轻拍她的身子。点点不哭了，身子紧紧倚着老师，脸上露出了安心的笑，一会儿就进入了甜甜的梦乡。

保教人员在工作中经常会与幼儿进行语言沟通，有效的沟通会更有利于教育目标的实现，也会为良好的师幼关系加分。请小组成员分配好角色，模拟表演以上5个案例，表演结束后，小组成员共同说一说对角色的感受。并分析在5个案例中的老师的语言沟通，有哪些是我们需要学习的，有哪些是存在问题的。将小组讨论结果写在表2-15中。

表2-15　小组讨论结果

案例	讨论结果
案例1	
案例2	
案例3	
案例4	
案例5	

通过对以上案例的表演感受和分析，我们总结保教人员在与幼儿进行语言互动时要注意以下几个原则。

1. 适时的原则

适时的原则就是保教人员要把握与幼儿沟通的时机，沟通时要注意把握沟通的时间、地点，考虑幼儿所处的环境以及幼儿的情绪等。

2. 平等尊重的原则

每一个人都需要被他人尊重，也都想他人能尊重自己，沟通礼仪中，尊重是非常重要的核心。因此，保教人员在与幼儿沟通时，尊重的原则就体现在对幼儿沟通的态度上，幼儿有沟通想法时，教师要以积极的态度来回应，认真倾听幼儿的诉说，同时也可以伴有点头、微笑等体态语言来回馈，让幼儿感受到与教师交流中有被关注和尊重。案例1当中的保教人员就违背了这一原则，导致幼儿非常沮丧，没有给幼儿带来积极的沟通反馈。

3. 明确具体的原则

明确具体的原则是指保教人员在与幼儿沟通时，表达要明确具体，询问也要明确具体，这样更有利于幼儿的理解，也能体现教育的过程性。比如案例2中姜老师对子欣的表扬就表达得非常具体，不只是"子欣你真棒"这样笼统的语言，通过具体的表达，幼儿也能更清晰沟通的内容，幼儿从中可以获得更多的自信。

4. 启发性原则

启发性原则就是保教人员在与幼儿沟通时，多问具有启发性的问题，而非封闭式的问题。因为启发性问题更容易启发幼儿学习的主动性，能引导幼儿积极思考。案例3当中的邓老师就是遵循了启发性原则，幼儿纷纷表达自己的想法和看法，活动非常有趣，充分体现了幼儿是活动的主体。

5. 态度真诚的原则

态度真诚的原则就是保教人员与幼儿沟通时要本着实事求是、真心实意的态度。可以说，真诚是一种崇高的道德情感，是与幼儿建立良好师幼关系的基础。

6. 不做主观判断的原则

不做主观判断的原则就是多问"为什么"少说"怎么会"。由于幼儿年龄小，表达能力有限，有时保教人员看到幼儿的各种表现非常容易就做主观判断。比如案例4中的乐乐，虽然对乐乐画的蓝色太阳产生质疑的是妈妈，但是保教人员及时引导妈妈与乐乐的沟通，多问为什么，最后发现孩子的表现背后有自己的想法。只有不做主观判断，多问为什么，才能"知其所以然"。

7. 合理使用非语言的原则

幼儿时期，个体的心理活动有具体形象性、无意性以及易受暗示性等特点，非语言在与个体的信息获得中占有特性地位。在学习主题四中我们学习了非语言沟通的方法，这些非语言沟通中的眼神、表情、动作也同样对幼儿有着重要的影响。就像案例 5 当中的保教人员，一个微笑、一个轻轻的抚触等这样非语言的行为给幼儿带来了较强的心理暗示，对幼儿的影响非常深刻。所以，保教人员在与幼儿进行互动时，一定要注意合理使用正确的非语言沟通礼仪。

结合以上与幼儿沟通的原则，请小组成员共同设计一段师幼沟通的情境，在设计中要体现以上原则，并在全班进行分享。

小组设计

学习任务三　入园时的互动礼仪

开学第一天，小朋友们第一次走进集体生活，有的小朋友不好意思向老师问好，躲在家长身后眼神躲闪地看着老师，不论家长怎么引导就是不向老师问好，有的小朋友等到集体活动的时候才来到幼儿园……这些是在幼儿园门口晨间入园的时候常见的情形。0～6 岁是培养尊重、真诚、谦让、友善的优秀品质和良好礼仪的关键期。可以利用小朋友入园、离园这个时间，很好地培养其形象礼仪、问候礼仪、守时礼仪等（表 2-16）。

表 2-16　幼儿入园离园礼仪要点

分类	要点
形象礼仪	幼儿着装要求：衣服干净，上衣扣好纽扣，拉链拉好；鞋子大小合适，便于游戏，鞋带要系好
	幼儿仪容（头发）要求：男童发，短且齐；女童发，要得体；勤梳洗，定期理；既漂亮，又神气
问候礼仪	保教人员主动问候幼儿"早上好"，幼儿回应"老师，早上好"或是"老师，您好"来打招呼
	幼儿问候礼仪要求：表情自然，声音洪亮、语速适中
守时礼仪	幼儿能够做到每天早起床，按时入园，不迟到

请两人一组，一人扮演教师，一人扮演幼儿，模拟晨间入园这个场景，相互练习问候礼仪。

学习任务四　集体活动中的礼仪

五岁的瑞瑞刚刚转到这所幼儿园。瑞瑞是位漂亮的小女生，但是在进行各项活动的时候，她不是走到别的小朋友位置，去拉扯小朋友的头发，就是在户外活动时插队，不好好排队。在画画的时候，老师给瑞瑞递画笔，瑞瑞也是爱搭不理的。在与老师和小朋友互动的时候，也不知道该如何表现，以致没有小朋友喜欢和她一起玩。由于频繁换幼儿园，因此瑞瑞没有接受规范化的礼仪教育。"没有规矩，不成方圆。"只有让瑞瑞尽快将礼仪行为融入日常的集体活动和生活中，成为自己的行为习惯，才能养成良好的习惯。

保教人员在与幼儿的互动中要注意将幼儿的个人礼仪融入日常中，比如幼儿的坐姿、站姿，以及递接物品、排队、谦让、请求发言、请求帮助等礼仪（表2-17）。

表2-17　幼儿集体活动礼仪口诀

集体活动	口诀
坐姿礼仪	坐椅子，头抬起；眼平视，背挺直；腿靠拢，脚并齐；两小手，轻抚膝
站姿礼仪	两手臂，垂直放；收小腹，挺胸膛；眼平视，看前方；脚并拢，站姿棒
走姿礼仪	走路时，头昂起；匀摆臂，上身直；双肩平，步轻盈；不冲撞，不抢行
蹲姿礼仪	下蹲时，上身直；小屁股，不撅起；一腿低，一腿高；缓起身，慢站好
递接物品礼仪	递普通物品时：双手呈，接平稳；接人物，双手迎；表感谢，把礼行
递接物品礼仪	递危险物品时：递剪刀，有方法；剪刀把，对方拿；水果刀，托刀身；握住柄，递平稳
敲门礼仪	敲门时，身微倾；用食指，轻击声；一二三，有节奏；立门侧，静等候
敲门礼仪	开关门，动作轻；慢推拉，静无声；出和入，您先请；侧身让，己再行
上下楼梯礼仪	上下楼，靠右行；不跑跳，不乱停；让长辈，护幼小
讲话礼仪	如何打断他人的讲话：人交谈，勿打断；要安静，不扰乱；有急事，要表达；经允许，才讲话
讲话礼仪	如何观看他人的活动：小朋友，做游戏；想观看，旁边站；不捣乱，不喧哗；用心学，细观察
讲话礼仪	如何参与他人的活动：小朋友，做游戏；要参与，求同意；勤沟通，互帮助；多谦让，好相处
借物还物	借物：借人物，须明求；经允许，再拿走；使用完，及时还；道声谢，借不难
借物还物	还物：他人物，要爱护；及时还，不拖延；物归还，表谢意；双手递，要牢记

请两人一组，一人扮演教师，一人扮演幼儿，扮演幼儿的成员练习幼儿坐姿、站姿、走姿、递接物品、敲门、上下楼梯等礼仪，扮演教师的成员进行指导，并交换角色进行模拟演练。

学习任务五　生活活动中的礼仪

已经上小学一年级的乐乐，被大家评为了礼仪小标兵，因为乐乐在学校的生活中处处都体现了非常良好的礼仪修养。比如：有时候打喷嚏会及时用纸巾捂住口鼻；中午进餐的时候，坐姿规范，进餐时不挑食，咀嚼无声；还特别谦让女生，简直就是一位礼仪小绅士。大家都问乐乐，这些礼仪习惯是怎么习得的？乐乐说在上幼儿园小班的时候，老师就这样教他良好的礼仪习惯了，自己也一直坚持，慢慢就养成了习惯。

可见，很多礼仪习惯的培养是从小就开始的，所以培养幼儿良好的礼仪修养，从生活的点点滴滴中就要重视，比如洗手的礼仪（图2-6）、擦鼻涕的礼仪（图2-7）、进餐礼仪等（表2-18）。

表2-18　幼儿生活活动礼仪口诀

生活活动	口诀
洗手礼仪	起床后，吃饭前；好宝贝，洗手脸；如厕后，洗净手；小病菌，都冲走
擦鼻涕礼仪	小鼻子，爱护它；不玩弄，不手挖；流鼻涕，轻轻擦；爱清洁，人人夸

生活活动	口诀
进餐礼仪	进餐：进餐前，手洗净；入座时，动作轻；细细嚼，慢慢咽；不挑食，不剩饭
	进餐（爱惜粮食）：自己吃，不用喂；吃干净，不浪费；爱粮食，惜食物；粒粒米，皆辛苦
	进餐（不挑食）：小朋友，在成长；若挑食，缺营养；瓜果菜，都品尝；食五谷，身体棒
打哈欠、打喷嚏礼仪	咳嗽时，病菌多；用纸巾，把口遮；打哈欠，扭转身；打喷嚏，避开人

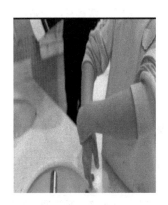

图 2-6　洗手的礼仪

图 2-7　擦鼻涕的礼仪

请两人一组，一人扮演教师，一人扮演幼儿，扮演幼儿的成员练习幼儿洗手、擦鼻涕、进餐等礼仪，扮演教师的成员进行指导，并交换角色进行模拟演练。

学习任务六　公共场所礼仪

除了在学校，家长也应培养幼儿在公共场所的礼仪，比如乘坐公共交通时的礼仪、过斑马线的礼仪等（表 2-19）。

表 2-19　幼儿公共场所礼仪口诀

公共场所	口诀
乘扶梯	乘扶梯，要知礼；左急行，右站立；好孩子，随家长；不拥挤，勿吵嚷
乘升降电梯	等电梯，右侧站；进或出，长者先；人先出，己再入；讲秩序，要记住
进入旋转门	旋转门，真神奇；进入时，勿拥挤；不手扶，不靠边；爸妈陪，更安全
交通（红绿灯）	过路口，不独行；指示灯，要看清；红灯停，绿灯行；守规则，平安行
交通（行走）	交通（乘地铁）：站台上，不乱跑；黄线后，队排好；人先下，我再上；守秩序，不争抢
	交通（乘火车一）：乘火车，提前到；候车室，等检票；不乱跑，不吵闹；车进站，票拿好
	交通（乘火车二）：车厢内，排好队；按号码，找座位；随爸妈，听指挥；遇他人，笑微微
	交通（乘飞机一）：乘飞机，要提前；先换票，再安检；登机后，快坐好；安全带，要系牢
	交通（乘飞机二）：飞机上，设施多；两小手，不乱摸；过道窄，不乱跑；对号坐，好宝宝
	交通（乘轮船）：乘轮船，要准点；危险品，不上船；有风浪，离甲板；舱中坐，保平安

请小组成员熟悉公共场所礼仪内容后，设计两个教案，可以融入礼仪教学活动中，将方案内容记录在表 2-20 中。

表 2-20　礼仪教育方案

方案	内容
方案 1 排队礼仪	
方案 2 过红绿灯的礼仪	

学习任务七　保教人员礼仪与职业道德

保教人员礼仪既是良好职业道德修养的体现，也是保教人员职业道德成为一种教育影响力的重要因素。保教人员礼仪与职业道德之间存在着密不可分的联系，一方面保教人员的礼仪是职业道德的外显形式，另一方面保教人员职业道德也是保教人员礼仪的必要基础，因而保教人员礼仪是加强保教人员职业道德培养必不可少的重要因素。

1. 保教人员礼仪是保教人员职业道德的外显形式

保教人员礼仪是保教人员职业道德意识和规范的外在体现，保教人员职业道德是一种内在的抽象的规范，需要教师通过保教人员礼仪得以体现。唐凯麟在《个体道德论》一书中指出："任何一种社会道德只有转化为个体道德，才能称得上真正意义上的道德。只有转化为个体的思想、意识、情感、意志和实际行为过程中并转化为个性化的实践精神，才是活生生的有生命力的东西。"保教人员的一言一行、一举一动，流露出的都是保教人员的内在职业道德修养，展现出的是保教人员积淀的职业道德品质。保教人员的职业道德修养水平由言谈举止、仪容仪表、待人态度、处事方式等各个方面体现，良好的保教人员礼仪是衡量高尚的保教人员职业道德的重要指标。因此，保教人员应严谨治学，言行一致，待人礼貌，谈吐文雅，衣着整洁，举止端庄。

2. 保教人员职业道德是保教人员礼仪的必要基础

保教人员职业道德既是保教人员礼仪的关键依附，也是保教人员行为规范的外在表现。保教人员职业道德的核心思想是献身教育。教书育人，诲人不倦，是保教人员礼仪在保教活动中知行合一的落实，是保教人员职业道德价值的真正显现。保教人员在日常保教活动中对幼儿的尊重与关爱是保教人员礼仪的核心，是保教人员职业道德规范的本质的、必然的要求。保教人员通过实际的言语、表情、动作等使幼儿体会到保教人员对自己的尊重和关心，这些具体的、实际的话语及行动，表现出的是保教人员优良的职业道德修养以及高尚的职业道德品质，是保教人员对幼儿的关爱，对学前教育事业的忠诚与热爱。保教人员职业道德水平的高低对具体的保教人员礼仪行为有重要影响，保教人员职业道德作为保教人员礼仪的基石与支撑，是具体的、外在的保教人员礼仪行为所赖以存在的基础。对保教人员礼仪的塑造与培养，既要重视外在美的雕琢，也要加强内在美的锤炼。保教人员职业道德与保教人员礼仪的关系，说到底是善与美的关系。亚里士多德曾经说过："美是一种善。"普罗提诺则说："善在美后面，是美的本质。"可见师德与礼仪关系之密切。保教人员良好礼仪的塑造依赖于他们良好的职业道德，众所周知，在道德规范体系中，礼仪是最基本的行为规范，也是保教人员道德的外在表现。二者相互联系、相互依存。保教人员在注重职业道德修养的同时也应该兼顾保教人员礼仪，感悟"为人师表"的真谛。

在学习主题一、主题二和主题三中，学习了职业道德相关的内容；在学习主题四和主题五中，学习并练习了保教人员在职场中应体现的礼仪素养。请认真回顾整个单元的内容，把你对保教人员礼仪与职业道德之间关系的理解写下来，并在小组内进行分享。

保教人员礼仪与职业道德的关系

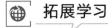 **拓展学习**

学习世界各国的礼仪知识。

？ 知识巩固与练习（简答题）

1. 幼儿的敲门礼仪口诀是什么？
2. 幼儿的讲话礼仪口诀是什么？
3. 幼儿的进餐礼仪口诀是什么？
4. 幼儿上下楼梯礼仪口诀是什么？
5. 幼儿的形象礼仪要求是什么？

参考答案 2-5

小组研究与讨论

班级的环境创设对幼儿的学习和活动影响是非常大的，请小组成员一起设计一张礼仪教育环境创设的手抄报，内容不限。请把作品拍下来，并选一位代表向全班分享小组的设计。

学习质量评价

表 2-21 角色模拟考核评价表

日期：　　　　　　　　　　第＿＿＿＿＿组　　　　　　　　上课教师：

评价维度	定义	考核分值对应的标准	权重	得分
角色理解能力	按照角色规范的要求采取相应的对策和行为	8～10分：对要求自己承担的工作角色有清楚的认知，能恰当地进行角色定位，按照角色的要求参与活动；语言、行为表现与角色的要求一致 5～7分：对要求自己承担的工作角色有一定的认知，能比较恰当地进行角色定位；语言、行为表现与角色的要求比较一致 1～4分：对要求自己承担的工作角色没有认知，几乎不能进行角色定位，不能按照角色的要求参与活动；语言、行为表现与角色的要求不一致	20%	
灵活应变能力	在外界事物发生改变时，所作出的反应，是经过大量思考过程后做出的决策	8～10分：能迅速地作出反应，寻求非常合适的方法，使事件得以妥善解决 5～7分：能比较迅速地作出反应，寻求比较合适的方法，使事件得以解决 1～4分：不能迅速地作出反应，寻求不到合适的方法，不能使事件得以妥善解决	15%	
语言能力	将思维所得的成果用语言反映出来的一种行为，以物、事、情、理为内容	8～10分：介绍整件事情简明扼要、全面，表达清晰流畅，对事情有正确客观的评价，表达真实可信 5～7分：介绍整件事情比较简明扼要、全面，表达比较清晰流畅，对事情有一定正确客观的评价，表达可信程度比较高 1～4分：介绍整件事情不清楚，对事情几乎没有正确客观的评价，表达让人怀疑	25%	
沟通能力	是人与人之间、人与群体之间思想与感情的传递与反馈的过程，以求思想达成一致和感情通畅的能力	8～10分：能充分运用语言和文字表达自己的观点，与上级沟通时条理清晰、措辞恰当，了解工作情况 5～7分：能运用语言和文字表达自己的观点，与上级沟通时比较条理清晰、措辞恰当，比较了解工作情况 1～4分：几乎不能运用语言和文字表达自己的观点，与上级沟通时很紧张，几乎不了解工作情况	20%	
团队合作意识	是要有集体观念和团队精神，对内同企业各部门协调发展，对外选取合适的合作伙伴的能力	8～10分：有较强的共情力，能够理解和接纳他人建议，高度认同与他人合作共赢，懂得合作技巧，有较强的利他意识 5～7分：比较重视团队合作，能够与同事、客户以及相关外部资源进行合作，有一定的合作技巧，有一定的沟通能力 1～4分：对团队及他人缺少关心的热情，不能与同事、客户以及相关外部资源进行合作，合作技巧薄弱，几乎很少同其他人沟通	20%	

心——职业中应具备的心理素养

随着人们生活水平的提高，心理健康问题越来越受到人们的重视。保教人员工作环境、工作内容以及教育对象的特殊性，尤其教育对象是处于身心发育关键期的幼儿，保教人员的心理健康无疑会对幼儿的终身发展产生巨大的影响。随着社会的发展，对保教人员的要求也越来越高，保教人员的压力也越来越大。因此，了解保教人员的心理健康状况，保障保教人员的心理健康，提高他们的心理健康水平已势在必行。本单元我们从"自我认识，找准定位""改变观念，坚守本心""适当调节，合理释放""自我成长，人际融洽""身份认同，提升幸福"五个方面为即将进入保教人员行列的莘莘学子提前做好心理建设。

学习主题一　自我认识，找准定位

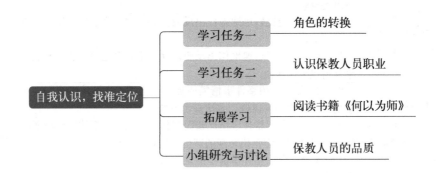

学习目标

认知目标：认识学生身份与保教人员身份的不同，接受角色的转变，同时对未来的职业领域有一个清晰的认知。

能力与实践目标：通过提前了解和认知，培养适应社会环境的能力。

情感与价值目标：体验不同角色带来的乐趣与喜悦，同时增加学习积极性。

学习准备

物料准备：笔记本、笔。

资料准备：回忆自己小时候的幼儿园时光与现在课堂的不同，上网搜集幼儿园的环境图片提前做了解。

本节课将采用小组研讨、案例学习、视频观看的形式进行学习。

学习任务一　角色的转换

角色转换是指个体从一个角色进入另一个角色的过程。对于我们当下来说，从学生角色到职业人角色的转换是未来必须经历的过程，也是人生中重要的一次转折。由于面临的场景、身份、教学方法都发生了改变，所以学前教育专业学生在离开学校后不容易找到适合的教学方法，导致毕业生在很多时候不符合岗位需求，也不符合毕业生的职业期待。所以，当下我们应分析清楚学校课堂培养的学前教育专业学生（也就是我们自己）与幼儿园保教人员的相同与不同之处，从而找到两者的连接点，从场景、身份、教学方法三个角度来分析和梳理是十分有必要的。

1. 学校场景和幼儿园场景

学习阶段最主要的学习场景是在大学的教室里，离开学校后的工作场景主要是在幼儿园的教室中。教室是教师与学生日常生活的空间，是一个人可以带上独特身份进入的舞台。但现在所处的教室与工作后进入的幼儿园教室，这两个不同的场景虽然都被称为教室，但有诸多不同。现在学校的教室一般陈设简单，室内的布置单调，前面是讲台，后面是座位。靠讲台的墙上有黑板或白板，是教师讲课、布置作业的地方，后面是学生的座位。现在很多教室也都配有多媒体等设备，方便学生上课（图3-1）。

幼儿园是学校教育的始端，幼儿园教室一般会布置得像家一样。色彩更鲜明，有大量的玩教具、足够的空间，让孩子愿意、喜欢待下去（图3-2）。幼儿园教室里会创设供孩子游戏和探索的很多区域，一般会摆放一台钢琴或电子琴，甚至还有幼儿午睡的小床，以及单独的室内盥洗室等。

图 3-1　学校室内环境

图 3-2　幼儿园室内环境

2. 学生身份和保教人员身份

身份是个体在参与社会互动的过程中形成的符号系统，所表达的内容就是个体在社会网络中所具有的组织属性和特征。社会是一个复杂的系统，由一个个不同的场景组成，处在这个系统中的个体在不同的场景、时空下，扮演着不同的身份，所以同一个体的身份具有多样性。我们现在在课堂场景下是学生的身份，是知识的"吸收者"，是教师传授知识的"接收者"。作为学生，我们可能更关注知识的学习效果，努力消化吸收教师传授的学习内容。当场景切换到幼儿园教室时，我们的身份也会随之切换成保教人员的身份。作为保教人员，我们就变成了言行举止的"传递者"、教育方法的"实施者"、辅助课堂教学的"组织者"。我们需要更关注对幼儿的启蒙教育，帮助他们获得有益的学习经验，促进其身心全面、和谐发展。

3. 不同场景、身份下教学方法的异同

场景的变化带来身份的转变，随之而来的是教学方法的变化。由于现在的教育场景是在教室，参与者是我们青年学生，我们是具备一定的认知水平和学习方式的，所以教师对我们的教学一般采用的是符合年龄阶段认知规律的讲授法、演示法、练习法等相结合的教学方法。

在幼儿园教室的场景下，主要的参与者是保教人员和幼儿。由于幼儿处在前运算阶段，思维具有具体性，不具有抽象运算思维，在理解大部分抽象概念时必须依赖具体概念的支持，因此保教人员在教学中要关注幼儿所处的认知能力阶段特点，采用符合幼儿身心发展规律的游戏式、情景式、辅助式教学方法。

综上所述，提早地了解未来工作的场景、获得对未来岗位身份的认知、习得身份转变后的教学方法，从而更加顺利地对接工作岗位，为日后保教人员教育智慧的主动生成与专业实践能力的多元发展打下基础。

> **案例** 责任的重要性

小张刚刚进入某幼儿园实习，无拘无束的她对幼儿园严格的规章制度很不适应。因为边看孩子边听音乐，园长说了她好几次，她却不以为意。还由于平时随意惯了，上班迟到了几次，自己也不以为意，结果实习不到一个月，幼儿园就请她离职了。园长这样评价她："不仅自由散漫，还经常迟到早退。安排的任务也是能拖就拖，一到下班的点，跑得比谁都快。"本来幼儿园还很欣赏她的专业能力，但无组织、无纪律的工作态度让他们最终决定放弃。

通过以上内容的学习，我们能很快找到小张被辞退的根本原因：没有做好角色的转换，没有承担起相应的责任，最终被劝退离开。

📚 学习任务二 认识保教人员职业

在许多人眼里，幼儿园里的保教人员就是干擦桌子、扫地、物品消毒的工作，能有什么技术含量呢？事实上，这"围着孩子转的活儿"并不是那么好干的，

这"孩子王"也不是那么好当的。当好一名保教人员，就必须具备这一职业角色所要求的"一专多能"。这里的"一专"是指要具备这一职业的专业特质，具备这一职业岗位所必需的任职资格和素质要求。进而需要保教人员不断地对自身工作进行反思、总结和提炼，不断改进保教工作及其实效，从而不断自我提升、自我完善。

19世纪末德国的思想家和教育家鲁道夫·史代纳提出，对于学龄前的孩子，保教人员最重要的是要帮助孩子把"我"注入身体里。幼儿园就像家一样，保教人员的角色就像母亲一样，让孩子感受到爱、安全、快乐和支持。思考一下你是否正在成为一个这样的人或者想成为这样的人呢？

1. 用心爱孩子

德国学者斯普朗格将"爱"比喻为教育的根。在幼儿园教育中，"爱"不断滋养着儿童教育这棵树，为其茁壮成长提供必需的各种营养。有时，老师的一个微笑、一个拥抱，甚至一个赞许的眼神，摸摸幼儿的小脑袋，拉拉幼儿的小手，和幼儿说上几句悄悄话，都会让幼儿兴奋不已，往往会收到意想不到的教育效果。古语道："安其学而亲其师，乐其友而信其道。"作为保教人员，千万不要吝啬自己的爱，因为你在给予孩子爱的同时，孩子也会用同样的爱来回报你。保教人员要把幼儿当作自己亲密的朋友，容忍幼儿的缺点，尊重幼儿的话语权，控制自己的情绪，始终微笑地面对每一个幼儿，热爱每一个幼儿。一个鼓励的眼神，一句赞赏的话语，一个温暖的微笑，也许就可以改变一个幼儿。

2. 耐心细致

保教人员每天都要面对千差万别、性格各异的幼儿。在教育活动中保教人员对学生有没有耐心或耐心的程度，反映了一名保教人员自我修养的程度。尤其面对年龄小、哭闹、有分离焦虑的小朋友，更需要有耐心。有耐心的保教人员才能诲人不倦，才能以坚韧的毅力去感化幼儿、教育幼儿，才会获得幼儿的喜欢、家长的爱戴。

3. 儿童化思维

儿童化思维，即成人将自己固有的思维模式倒转回去，用儿童的思维模式去看待世界，并与儿童交流。有了这种思维模式，我们对幼儿的理解与尊重就变得容易了。运用这种思维模式与儿童互动，儿童也会乐于接纳我们，从而收到良好的教育效果。保教人员思维模式的转换也是教育家们一贯倡导的。用陶行知先生的话来说就是"我们要懂得儿童的心灵，用儿童的大脑去思考，用儿童的情感去体验，用儿童的兴趣去爱好"。

4. 保持创造性

保教人员的劳动过程与一般的劳动过程相比较，具有更大的创造性，这是教育对象的特殊性和教育情景的复杂性所决定的。幼儿有着不同的兴趣、爱好，不同的能力和性格，不同的行为和习惯，而且他们又是处在迅速发展变化的阶段。幼儿的这些特点必然会使保教人员的劳动过程和教育情景变得异常复杂和多变，同时决定了保教人员的劳动过程具有更大的灵活性和创造性（图3-3）。因此，保教人员的劳动过程没有固定的程序和模式。在幼儿教育和幼儿的交互作用中，教育情景往往是难以控制的，事先预料不到的偶发事件随时可能发生。这就需要保教人员善于观察和捕捉教育情景的细微变化，灵活机动地采取恰当的措施，解决教育过程中出现的新问题，使教育达到最佳的效果。教育是一门艺术，需要人不断地探索，不断地反思。所以，保教人员更需要对幼儿用心浇灌，才会使这朵艺术之花越开越旺，越开越美。

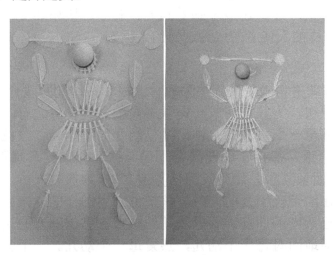

图 3-3　与儿童一起制作羽毛球创意画

小组讨论，你印象最深的老师身上有哪些闪光点？当你回忆起这位老师时，你有什么感受？你想和这位老师一样，成为让学生记忆深刻的老师吗？

个性特征：＿＿＿＿＿＿＿＿＿＿＿＿＿＿＿＿＿＿＿＿

专业技能：＿＿＿＿＿＿＿＿＿＿＿＿＿＿＿＿＿＿＿＿

态度：＿＿＿＿＿＿＿＿＿＿＿＿＿＿＿＿＿＿＿＿＿＿

以下有 10 个问题，请依次对应：

① 你是一个很有耐心的人吗？

② 你是一个善于捕捉他人情绪的人吗？

③ 你是一个热心的人吗？

④ 你具备自我治愈的能力吗？

⑤ 你对世界充满好奇吗？

⑥ 你喜欢与人交谈并具有良好的表达能力吗？

⑦ 你时常关心他人吗？

⑧ 你很乐于为他人服务吗？

⑨ 你经常习惯性地照顾他人吗？

⑩ 你具有影响他人的能力吗？

以上 10 个问题中肯定的选项越多，越说明你的特质适合当老师。老师这份工作虽然不能让你成为一个物质上很富有的人，却能让你在精神上获得一定的满足。

🌐 拓展学习

阅读书籍《何以为师》（张丽敏著，中国社会科学出版社）。

❓ 知识巩固与练习（简答题）

1. 什么是角色转化？
2. 学生身份与保教人员身份在哪些方面有不同？
3. 保教人员应该具备哪些基本品质？
4. 什么是儿童化思维？
5. "幼儿园保教人员就是保姆"，这句话你认同吗？请说明理由。

参考答案 3-1

💡 小组研究与讨论

讨论1：刚毕业的小丹进入北京一所幼儿园工作，感觉自己在工作中老是跟不上节奏。她说："好烦啊！老是听不懂，也不敢让别人多讲，怕耽误别人时间，只好自己琢磨。但琢磨出来的又好像不是人家要的，感觉自己白费力气了。"她觉得孩子也不喜欢她，在班里也没有存在感，真想回学校继续当学生。

小丹不能尽快适应工作的原因是什么？你有什么办法可以帮助她尽快调整好心态吗？

讨论2：萌萌是个非常安静、喜静不喜动的小女孩，课上几乎不主动举手，课下也不喜欢和小朋友们交流、游戏。区域活动时，一般是自己坐在小椅子上玩拼插和摆弄各种小动物模型。看得出来，她好像只对小动物模型那样的玩具有点兴趣，不太参与其他游戏。实际上她接受新东西、新知识很快，内心情感也很丰富，很有自己的想法。

一次户外活动中，我们班的其他小朋友都特别喜欢操场上的运动玩具，每次户外，都要在那里待上十几分钟，各种摇摆，各种换着玩。一般她会站在老师旁边静静地看着。一次她正好站在了我身边，我很自然地把手搭在她的肩上，动情地说："萌萌今天梳的头发可真漂亮呀！"她不好意思却掩饰不住内心的喜悦，细声细气地说："这是姥姥给我梳的头发，姥姥今天送我来幼儿园的！"看着孩子的兴奋劲，谁又能说她不善言谈呢？我拉着她的小手，很自然地走到另一个孩子旁边没有人玩的小鱼器械旁边，蹲下说："萌萌，你说话的声音真好听，你以后可以多和其他的小朋友一起玩，一起说话，他们应该也想听到你好听的声音呢。"她诚恳地点点头。然后在我的示意下，很自然地坐在上面，一起和旁边的小朋友摇摆了起来。尽管她俩之间并没有对话，但是我好像看出一种没有语言式的儿童交流，甚至她还不时发出"哈哈哈哈"的低音笑声。户外结束后回教室，我提醒她脱掉外套，她悄悄走到我身边，我以为她想让我帮忙，刚蹲下来，没想到她开口第一句话怯生生地说的是："梁老师，我喜欢你……"我似乎看到一朵羞涩可爱的小花正在悄悄地开放。

从上面老师的日记中，我们能看出保教人员的哪些特点？是一个怎样的人？

表 3-1 小组讨论评价表

日期：　　　　　　　　　　　第 ＿＿＿ 组　　　　　　　上课教师签字：

测评维度		1	2	3	4	5	关键评价	姓名
表达力 （5分）	语言表达							
	沟通影响							
分析力 （5分）	逻辑性							
	时政性							
组织力 （5分）	组织推动							
	资源协调							
影响力 （5分）	影响意愿							
	合作意识							
评分说明	满分20分：18～20分为优秀，15～17分为良好，10～14分为及格。							

学习主题二　改变观念，坚守本心

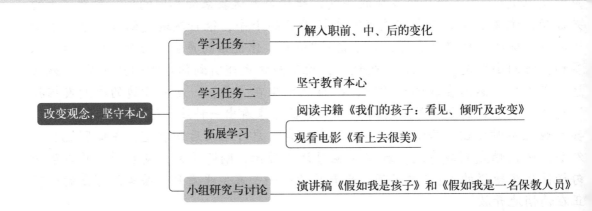

了解入职前、中、后的变化 —— 学习任务一

坚守教育本心 —— 学习任务二

阅读书籍《我们的孩子：看见、倾听及改变》
观看电影《看上去很美》 —— 拓展学习

演讲稿《假如我是孩子》和《假如我是一名保教人员》 —— 小组研究与讨论

改变观念，坚守本心

🎯 学习目标

认知目标：了解合理信念在自己学习、生活中的重要作用。

能力与实践目标：明确自身的目标，坚守初心和使命，能够明白自己的目标是什么，自己要想完成什么样的事以及自己想要如何去完成。

情感与价值目标：能够正确看待生活、职业中遇到的困境，相信自己，并坚定教育的初心。

📖 学习准备

物料准备：笔记本、笔。

资料准备：图书《我们的孩子：看见、倾听及改变》（佐佐木正美著，周志燕译，北京时代华文书局）。

📚 学习形式

本节课将采用小组研讨、案例、视频等形式进行学习。

学习任务一 了解入职前、中、后的变化

1. 入职前的教学观念案例及分析

在工作前，大家已经意识到自己的角色将由学习者向教育者转变，开始为迎接新工作的到来做一些准备，并对自己未来的教师形象有一个初步的设想。下面我们通过王老师的案例，看看她是如何进行准备和转变的。

案例 1 紧张并盼望着新工作的到来

入职前几天一直睡不着，总想着去幼儿园工作的事情，好紧张。不过还是很期待那一天快点到来，让我有机会接触到幼儿，了解他们。听以前的学姐说，小孩子比较喜欢听故事和做手指操，我准备了一些，不知他们会不会接受我。

分析： 在进幼儿园之前，由于我们对环境和工作对象不了解，不免会产生种种猜想。王老师也是这样的，她已意识到自己的角色需要改变，希望把平时学的理论知识运用到幼儿园教学当中，但不知道该从何下手。尽管她有些紧张，但还是提前做了准备。

2. 入职初的教学观念案例及分析

刚到一个新的环境时会有些不适应，有时候我们会不解，并且我们在这个时候通常对"理论指导实践"抱有很高的期望，往往希望用学过的理论知识去指导幼儿园中的实际问题。

案例 2 为什么要做保育的工作

在我的想象中，保教老师是个温柔知心的大姐姐，教孩子弹钢琴，跟孩子一

起玩"老鹰捉小鸡"，一起讲故事之类的。而当我第一天当保教老师，发现我需要做一些照顾幼儿生活方面的工作，比如拖地、擦桌子、取餐、叠被子、帮孩子穿衣服等，让我觉得和我想象中的工作完全不一样。

分析：保育是幼儿教育最基础、最重要的部分，每一名保教人员都应该学习，并能操作。只有先了解如何照顾好幼儿的一日生活，让幼儿健康快乐地成长，才有机会谈幼儿的教育问题。

3. 入职中期的教学观念案例及分析

入职一段时间后，无论是对幼儿园的工作环境还是对班级幼儿的特点都有了比较全面的了解，了解到了保教人员的不容易。在这个过程中，我们会逐步认同自己在班级中的地位，并希望在幼儿心中建立威信，完成自身角色的转变。

案例 3 为什么孩子并不亲近我

"我很喜欢班里的小朋友，并且学着努力去接近孩子，但好像班里的孩子并不是很亲近我，好像和我有距离感，这让我很尴尬和苦恼。"

分析：放开自己，让自己成为孩子。如果想要快速和孩子们打成一片，让孩子们也喜欢你，这种情况下一定要让自己先成为一个孩子。千万不要以一个成年人的姿态和孩子们交流，毕竟孩子们更喜欢和孩子一起玩，如果你的姿态和行为像一个孩子的话，孩子们也会愿意和你一起玩。同时还要发自内心地去喜欢孩子，关注孩子，这样就容易和孩子们打成一片。

4. 入职后期的教学观念案例及分析

入职一学期后，经过了前期的积累与适应，不同的保教人员会在这一阶段出现不同的教学反应。一种是失去了最初的新鲜感，出现了懒散松懈的情况，对自己教学方面的不足视而不见，只是为了工作而工作，毫无创新，仍用不适合幼儿发展的策略进行教学活动。另一种则是在前期积累的基础上，不断意识到自身的不足，通过多种途径进行改进，在组织教学活动时，能采取相应的教学艺术来处理突发事件，主动追求更好的自身发展。

案例 4 我终于可以组织活动了

今天我终于有机会自己组织幼儿户外活动了，我很高兴。在组织活动过程中，我本想让所有的幼儿都参与进来，可孩子们并不是很喜欢这些游戏，并且我的时间安排也不够合理，没有做好动静结合，以致后面的活动中孩子们有些疲惫，参加效果很不好，我有些失落。直到我看到了另一名老师的游戏组织，我好像明白了什么。

分析：幼儿园保教人员需要具备一定的专业能力，同时更需要在入职后不断学习和培训，"能力为重，终身学习"是幼儿园保教人员的一个重要专业理念。

在整个入职前、中、后期的过程中，王老师从最初怀着理想的教学观念来到幼儿园，到现实实习中的迷茫与无助，再到最后自己的反思与改进，一系列教学观念发生了改变。

学习任务二　坚守教育本心

有这样一句话："爱是鉴别教育的尺度。"教师的爱与众不同，它高于母爱，大于友爱，胜于情爱。人们曾说，教师是蜡烛，燃烧自己，照亮别人。关键在于教师要懂得用心做，用爱教。当站上讲台成为一名人民教师之后，就要终身热爱这份事业，不断用高标准要求自己，始终保持一名教师的良好品格，让每一名学生拥有一个灿烂的明天。很多时候教师是在用实际行动诠释着教育的本质，即便感冒发烧，声音嘶哑，依然带病工作，坚守教育的本心，唤起学生的求知欲。"青丝积霜育桃李，粉笔无言写春秋！"

◀ 案例　不忘初心，不负童心

光阴匆匆，韶华易逝。一转眼，我进入工作岗位已经接近9年了。记得2013年10月刚踏入教师这个行列的时候，我成功进入西安一所幼儿园任教，我开心极了，感觉美好的明天好像在向我招手。第一天上班，我小心翼翼跟在主班老师身后，她让我干啥我就干啥，她不说话的时候我都不知道是该站还是该坐。幼儿园让我们上公开课，我紧张得不行，因为我啥都不懂，上课自然是上"砸"了，所有老师都不知道怎么评我的课。我很失落，浑浑噩噩直到下班。第二学期我被换到中班去当保教人员，我慢慢对幼儿园的流程熟悉起来，做事也快了许多，班里的两位老师给了我不少指导，我非常感谢她们。

第二年，我去了另外一家幼儿园上班，我学习跟我搭班的周老师教育孩子的方式，模仿她的教育语气与原则，也尝试了第一次与家长沟通，跟孩子们开展教育活动。很快第二学期开新班我就被提成了托三班主班老师，我既感激领导信任，又害怕自己干不好。我找保教主任杨老师说出自己的害怕，她安慰我，并一步一步教我怎么做。

开学第一天，家长一走，班里瞬间炸开了锅，23个孩子中有20个在哭，坐着哭、站着哭、蹦跳着哭、躺地上打滚哭、扑向门外哭，"我要妈妈""我要爸爸""爷爷奶奶，快来接我回家"，只有3个孩子在玩玩具，其他孩子哭得撕心裂肺要回家，还有一哭就吐的孩子，什么玩具都吸引不了他们。我才知道原来幼儿园孩子刚开始上学是这个样子的，但来不及多想，我赶紧抱住3个孩子在怀里哄，杨老师带着其他人抱着孩子用各种办法哄……经过两个小时左右的"战斗"，很多孩子哭累了就坐在椅子上和老师玩玩具，还有两个孩子还在继续洒泪水，直到这时我们才松口气说出自己的感受，"太累了，都没有喝水，赶紧让孩子们喝水"。我们发现又有孩子尿裤子了，赶紧给孩子换洗裤子晾晒。中午吃饭又是一大难题，孩子们哭声一片，需要一个一个哄着喂。中午睡觉，又哭了半个多小时，每人怀里都抱着两三个孩子，直到把孩子们都哄睡着，有一个孩子还不能放，只能在我怀里睡，我的裤子被孩子尿湿了也没办法换，只能先哄孩子，让裤子继续湿着吧。

我一直都知道为什么当初选择幼师这个专业，因为我喜欢孩子，我感觉幼师这份职业是谁也代替不了的，是孩子的第二个"母亲"。年纪轻轻的我被孩子叫第一声"老师妈妈"，我永远也忘不了孩子那真挚的眼神。对于孩子的信任与亲近，我更是无法自拔地想要把自己的一切都给他们，我要让他们天天都开开心心的。自己对孩子的那份爱是毋庸置疑的，但是怎么教好这些孩子，刚开始我是迷茫的，不知道方向和目标。那些家长朋友从没因为我的年纪小而看不起我，他们中有一位家长也是做幼师的，她猜到了我的情况，但是没有直说，而是帮我买了一本书，书名叫《最美的教育最简单》。我每天中午哄孩子午休后就抓紧看，从书中我学到了很多教育方法，这下我没有那么慌了。我学习着引导孩子养成各方面的好习惯，按照学校的计划给孩子们组织教育教学活动，积极参加园所培训。慢慢地，我的性格也开朗起来，是孩子们的笑容感染了我，是家长的理解、支持鼓励了我，让我不忘初心、牢记使命。我也知道自己的专业经验不足，所以经常主动提出与领导一起参加培训学习，这样一步一步积累经验，我慢慢有了自己的教育风格，也有了自己的不同想法去慢慢实践。

　　2019年我来到另一家幼儿园工作。我认真完成每一项工作，对待孩子一视同仁、尽心尽力，结合自己以往的幼教经验去教育孩子，不断更新教育理念，与家长主动沟通孩子的发展情况，用专业与爱心赢得家长的信任。刚开始家长们对老师都不放心，一天发十几条微信消息询问，要求我发视频看自己的孩子在干什么。记得刚开学不久的一天下午7点多，家长打电话直接开口指责老师与幼儿园，原来是家长发现孩子额头有一片青紫的伤痕。我了解后赶紧骑车带家长和孩子去医院检查，孩子妈妈既着急又气愤，检查后孩子伤口没事，我听着家长的指责，内心既愧疚又委屈。最后查明孩子不是在园内受伤，是放学后自己玩的时候不小心弄的，孩子年龄小不能准确表达，家长一时着急，误以为是孩子在园内被老师或其他小朋友伤害了。最终此事解决了，在后期工作中家长积极配合，也开始慢慢信任和支持老师了。家长的变化是对老师的理解与认可，工作这么多年，不论遇到什么样的孩子，我都不会放弃对孩子的爱与教育，他们都是家长的宝贝，也是我的宝贝，是我每天带着开心成长的宝贝呀！

　　做一名幼师是幸福的，每天有那么多孩子说爱我，有那么多支持我的家长朋友，还有那么多美丽可爱的同事陪着我，像阳光般温暖着我。我嗓子哑了，孩子会担心，家长、同事主动关心；每次表演节目，家长主动帮忙化妆、组织孩子，家长有序参与活动；组织跳蚤市场，家长帮助带东西做准备，还特意制作了横幅；每次活动家长都积极响应，积极配合，构建和谐的班级环境；同事之间互帮互助……在园长与各位同事的帮助下，我每天精力充沛，过着丰富多彩的生活。定期的培训学习让我在教育教学上有了新的教育理念认知，对幼教的理解有了进一步的提升。

　　我会一直坚守自己的初心，不断学习，努力成为幼儿心灵的倾听者、保护者，做幼儿发展和学习的促进者、引导者。我将不忘初心，不负童心，跟孩子一起学习，一起成长。也许有一些在岗教育工作者因为教师这个职业收入较低与劳累抱怨不已，但我一直记得梁启超先生曾经说过："凡做一件事，便忠于一件事，将全副精力集中到这事上头，一点不旁骛，便是敬。"人生很短，做好一件事情就够了；

人生很长，我们足以将一件事情做好。一个人对待自己的职业，能够有责任心，有趣味，发扬敬业和乐业的精神，专心致志做圆满，就是"人类合理的生活"。愿我们每一位教育工作者拥有"人类合理的生活"，永远热泪盈眶，永远相信梦想，相信努力的意义，相信遗憾比失败更可怕，在坚守中改变，在改变中不断进取，争做越来越好的自己。

从上述案例中，我们学习到如何去坚定教育本心。第一，用母亲般的胸怀，对孩子付出全部的爱。面对天真可爱的孩子，我们要有火一样的热情和强烈的责任心、事业心和爱心。在工作中，关心每个孩子，班里每个孩子的饥饱冷暖都时时挂在心上，做到像母亲般关心、呵护他们。保教人员工作需要爱心，这种爱心就体现在对孩子的耐心、细心和认真负责的工作态度上。

第二，让知识的甘露汇成溪水，在每一个孩子的心中流淌。陈鹤琴先生曾经指出："大自然是最好的活教材，生活即教育。"在教育中尽可能多创造机会，让孩子亲近自然、融入自然，接触社会、认识社会。可以带领孩子观察春天的树，欣赏夏天的雨，感受秋天的风，体验冬天的雪，为孩子提供与动物对话、交朋友的机会。在与自然、社会充分的接触中，激发孩子关注社会、研究自然的兴趣，陶冶美的情操，增强体魄以及乐观合作的态度，锻炼坚强、勇敢、不怕困难的品质。

第三，共同给孩子撑起一片天。家庭是幼儿园重要的合作伙伴，应本着尊重、平等、合作的原则，争取家长的理解、支持和主动参与，并积极支持、帮助家长提高育儿能力。充分调动家长参与班级活动的积极性，使家长成为班级活动的合作伙伴，发现孩子的问题及时与家长沟通，老师、家长共同关心孩子的发展，形成教育的合力。

🌐 拓展学习

1. 推荐阅读图书《我们的孩子：看见、倾听及改变》。
2. 推荐观看幼儿电影《看上去很美》（中国）。

❓ 知识巩固与练习（简答题）

1. 如何修正自己的教学观念？
2. 王老师的亲身经历告诉了我们什么道理？从现在开始，我们可以着手做哪些准备？
3. 你认为教育的初衷和本心是什么？
4.《不忘初心，不负童心》的故事中，教师是如何坚守初心的？

💡 小组研究与讨论

全班同学分组进行演讲，一半同学写演讲稿《假如我是孩子》，另一半写演讲稿《假如我是一名保教人员》，分别谈演讲感受与心得。

假如我是孩子，我会渴望游戏甚于渴望一切；假如我是孩子，我希望每天有许多的好朋友和我一起玩；假如我是孩子，我会想说什么就说什么，不用在乎大人的批评与指责；假如我是孩子，我希望老师就是我的妈妈、我的姐姐、我的伙伴，给我更多的关爱、知识与快乐。

假如我是孩子，我希望幼儿园像个游乐园，在这里能玩到许多有趣的玩具和游戏，不用去听老师的指挥"该收玩具了""游戏结束了"；假如我是孩子，我希望每天都能吃到我喜欢吃的东西；假如我是孩子，我希望午睡不是生活中的一部分。

假如我是孩子，当我不小心尿湿了裤子，希望老师别责怪我、别告诉其他人，而用关爱的眼光来看我、用温暖的双手来帮我；假如我是孩子，在学本领的时候，我希望每次举手都能被老师请到发言，而不举手的时候老师不会叫到我。

假如我是孩子，我希望用我身体的每一部位去摸一摸、碰一碰，去体验我所不知的事与物；假如我是孩子，我希望大家会因为我是最聪明、最勇敢、最健康的孩子，而向我投来美慕的眼光；假如我是孩子，我希望想到的都能得到。

是的，幼儿期的孩子对世界充满好奇，他们乐意睁大眼睛来看这个纷繁复杂的天地，他们又是最天真的，幻想着自己能拥有全世界。

假如我是一名保教人员，在课上，我会给孩子们绘声绘色地讲童话故事、科幻小说，把他们带入神奇的世界，让他们感受到人类真伟大，科学真奇妙；会在悦耳的轻音乐声中，与孩子们一起唱歌、跳舞、画画、认字……让他们感受到在这儿学习真轻松，心情真愉快！

假如我是一名保教人员，在课间，我会坐在孩子们中间，与他们讲讲心里话，说说笑话，让他们感到老师像妈妈那样和蔼可亲；会让孩子们在一起，找自己的小伙伴，说说悄悄话，讲讲小秘密，让他们感到同学如同兄弟姐妹那样亲密无间。

假如我是一名保教人员，我会在阳光明媚、风和日丽的日子里，领着孩子们手牵着手，走出校园去郊游，观赏花儿的美丽、蝴蝶的飞舞，倾听小鸟的歌唱，让他们感受到大自然的美好；会带着孩子们去花园拔杂草、捡垃圾，在教室里扫地、擦桌子、搬椅子……让他们知道劳动有多光荣。

假如我是一名保教人员，每当孩子们做对了事或正确回答问题时，我会竖起大拇指，响亮地对他说："真棒！真聪明！"这时，其他孩子投去赞许的目光，让他感到自己真棒。每当孩子们做错了事或回答不出问题时，我会摸摸他的头，温柔地对他说："孩子，老师相信你，你会成功的。"这时，其他孩子投去鼓励的目光，让他感到自己不比别人差，是好样的。

假如我是一名保教人员，我会把一生的爱倾注在孩子们的身上，让孩子们快乐、健康、幸福地茁壮成长，将来成为祖国的栋梁之材。

参考答案3-2

表 3-2　演讲评分表

班级：　　　　　　　　　　　　　　　　演讲主题：

姓名			演讲题目	
评分项目				得分
演讲内容（40分）	主题鲜明深刻，格调积极向上（15分）； 语言自然流畅，富有真情实感（15分）； 演讲作品为原创，演讲效果良好（10分）			
语言表达（20分）	声音洪亮，口齿清晰，普通话标准（10分）； 语速适当，表达流畅，节奏张弛有度（10分）			
演讲技巧（30分）	衣着整洁，举止得体（10分）； 灵活运用语速、语调、手势（10分）； 脱稿（10分）			
仪态仪表（10分）	仪表形象良好（5分）； 临场综合表现良好（5分）			
综合得分				

注：演讲比赛可以小组方式参赛，增加集体荣誉感，促进小组与小组之间的积极竞争。

学习主题三　适当调节，合理释放

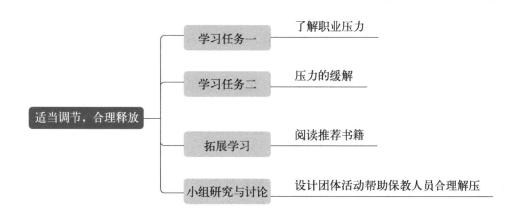

 学习目标

认知目标：了解压力带来的影响，了解正确应对压力的方法。

能力与实践目标：能够全面客观地认识压力，根据自己的实际情况调整对结果的自我期待。

情感与价值目标：正确对待压力，树立正确观念，以积极的心态和行为面对压力，形成良好心态。

学习准备

物料准备：笔记本、笔。

学习形式

本节课将采用小组研讨、案例、视频等形式进行学习。

学习任务一　了解职业压力

对新入职师姐的采访

问题：你有没有遇到过压力很大的时候，是如何解决的？

新入职师姐："在到幼儿园之前，要是问我幼儿园的一日流程是什么，环境创设、区域活动、教育活动及户外体育活动分别是什么，我并不能完整地说出一二。初来乍到的几天，对工作的不熟悉导致我干起活来频频出现差错，不是记错消毒时间，就是忘记提醒小朋友进餐的注意事项，有种手忙脚乱的感觉。忍不住感叹幼儿园的工作是如此琐碎与繁重，颠覆了我对保教人员以往所有的观念。每天手忙脚乱却什么都干不好，我陷入了对自我的极端否定以及对工作的排斥心理。细心的同事们察觉到我的消极状态，找我交流谈心，安抚我的不安与焦躁，分享着她们刚到岗位时的经历。每天看着有规矩、懂礼貌又贴心可爱的小朋友陪伴着我，我的心情很快好转平复，调整心态重新用心去观察适应，晚上回到家反复回想一天的流程，以便第二天做得更好。功夫不负有心人，很快我便能独立上手了。"

世界上并不存在没有压力的工作环境。压力具有两重性，适当的压力对个人和组织都是有好处的，当人或组织感觉到压力时，会有意识地调整自己，寻找新的发展机会以适应这种变化。无形中这种压力变成了发展的动力、创新的源泉。但压力过大会给人们的身心健康等带来消极影响。有调查研究数据表明，教师职业被认为是压力最大的职业之一。那作为保教人员会有来自哪些方面的压力呢？

1. 情绪劳动压力

情绪劳动是指要求员工在工作时展现某种特定情绪以达到其所在职位工作目标的劳动形式。有情绪劳动需求的职业有护士、医生、服务员、演员、教师以及空乘人员等。作为保教人员，面对幼儿家长时，无论自己身体状况、情绪状态如何，都必须面带微笑，隐藏自己的不良情绪。从心理学上讲，这种不一致的表现如果长期存在，就会使保教人员产生巨大的压力。

案例1　学会正确沟通

"我们一整天都要照顾孩子，担心孩子出现各种情况，真的挺累的，但是毕竟是自己的本职工作，我觉得可以忍耐。孩子在幼儿园出了任何事情，我都会第一时间告知家长，但有些家长反而会生气地说：'这就是你们老师的事，你们要帮我搞定，连孩子都照顾不好，你们在这里干什么！'有时候我心里真的很无奈，但是又不能说出来，只好硬着头皮给家长赔礼道歉。"

分析：保教工作在付出脑力和体力劳动的同时，更多的是付出情绪劳动，可以说是身处压力的重灾区。而情绪劳动的负面影响会加大保教人员的工作教学压力，进而产生疲劳情绪，这直接关系到授课质量和身心健康问题。

2. 业务学习压力

保教人员要参加各种形式的培训，包括教学、生活照料和与家长沟通等方面的培训（图3-4）。其实，保教人员根据自己的情况适当地参加一些培训对其自身的发展非常有利，但是无止境的、强加在保教人员身上的培训会成为一种压力，培训效果会适得其反。

图3-4 保教人员培训

‹ **案例2** 高质量的培训有助于提高保育质量

"幼儿园领导要求年轻教师多参与培训，以便提高教师队伍整体水平。当然我也知道多读书学习没坏处，但有的培训实效不大，花钱、花精力，又不能满足一线教师的实际需求和课改要求。我觉得应该实际一些，搞好教研活动，让我们能跟上课改的脚步，并且感受集体的智慧和力量，加强联系与交流，避免孤军作战、苦恼失落和无助，克服职业孤独感，这对幼儿园、对孩子、对教师个人都有益。"

分析：现在保教人员感觉压力大，一部分来自专业提升和学习。现存的继续教育形式有些并不能完全适合基层保教人员的需求，保教人员为之付出时间、精力和金钱，却不能取得良好的学习效果，培训的内容与保教人员的专业需求之间存在落差，导致保教人员对空洞、脱离实际的继续教育积极性不高。证书多、课程多，但课程重复多，滥竽充数的多，保教人员还是希望能紧跟教育改革形势发展，提高培训的实效性、时效性和针对性。

3. 流程环节多的压力

幼儿园保教人员不同于中小学教师，不仅仅是简单地教授幼儿知识，而是从幼儿入园到离园，这一整天的各个环节（入园、早餐、晨间活动、上课、早点、户外、喝水、午餐、饭后散步、午睡、午点、上课、户外、喝水、晚餐、离园整理、接待离园等）都是教育的过程。在集体教育活动之外，保教人员还要培养幼儿一些日常的生活能力，如怎么洗手、怎么吃饭、怎么上厕所等。这些日常内容导致保教人员工作压力长时间持续（图3-5）。

图3-5　保教人员桌面消毒实操

案例 3　幼儿园老师必备技能——梳头

"午睡起床后为小女孩梳头曾是我刚进园的一大难题，每天中午孩子们起床后，我都要给我们班的十几个小女孩梳头发。我以前从来没有给别人梳过，所以每次都觉得梳得不好，很多时候只给孩子梳一个简单的马尾辫，但是我知道她们每天早上来园时梳的是精致的蝎子辫。"

分析：从新老师的感慨中我们可以看出，对于新老师来说，梳头是一个全新的挑战与困难，因为她在之前并没有为他人梳头的经验。尽管梳头对她来说是一个挑战，但她并没有选择逃避或推托，而是勇敢地面对并承担了这一责任。这体现了她对工作的认真态度和对学生的责任感。同时，她意识到自己的梳头技巧有限，很多时候只能简单地给孩子梳一个马尾。这种自我反思的能力是成长的重要部分，因为只有认识到自己的不足，才能有针对性地改进。

4. 安全责任压力

幼儿园幼儿认知能力、自控能力和自我保护能力比较弱，同时又活泼好动、好奇心强，再加上游戏是幼儿学习的主要方式，所以幼儿园里容易出现意外事故。如果幼儿在幼儿园发生了意外，家长会反应强烈，严重的可能会收到家长的投诉，影响到幼儿园形象甚至导致停办。

案例 4　幼儿园中的意外事故

"现在做幼儿园老师蛮有压力的，尤其是孩子的安全。有一次带班，我在黑板前准备下一个活动的教具，孩子们在玩自己带来的小玩具，就看见一个孩子钻到桌下捡玩具，起身时不小心头磕到桌边，居然出血缝针去了，头皮太嫩了。我心里难受了很长一段时间，觉得自己没照看好她，但这是无论谁都想不到的意外。好在家长比较理解、通情达理。做这份工作，教育对象是小年龄孩子，自身的保护能力弱，教师承担的风险大。教师除带班外还要备课，不仅要备组织的活动，还要备幼儿的一日生活，还有许多文案工作。除了教育外，还有保育，杂七杂八的，什么事都要干，中午要给孩子喂饭，还要看午睡。幼儿园安全工作方面的压力是教育行业中最大的，由于受教育对象的特殊性，幼儿活泼好动、蹦蹦跳跳，安全问题经常让老师非常紧张。"

分析： 由于保教人员从事的工作较繁琐、费神，如幼儿一日生活的照料以及与教学活动无关的事务等，工作要面面俱到，很琐碎，要眼快、手快、脚快，否则就容易出问题。这些因素往往会让保教人员感到疲惫。幼教工作付出的不仅是体力，更是心力。在这种状况下，只有对工作性质有了正确认识，才能从内心接受它，才能体验到幸福感，才不会感觉压力大。每一种工作都有一定的价值，不同的关注视角会产生截然不同的体验。如果你把孩子看成是令自己心烦的人，那么你就会感到心烦；如果你把孩子看成是可爱的天使，那么你就会变成快乐的天使。

5. 社会地位和职业期待产生冲突的压力

长期以来，国家对保教人员的培训投入不足，有一部分没有经过专门选拔和培训的人士从事了保教人员这一职业，给保教人员群体的形象造成了不利的影响，这种传统的保教人员形象一直持续至今。

‹ **案例5** 幼儿园老师的辛苦

"社会上很多人认为当保教人员很简单，就是带带孩子，谁都可以做。并非所有家长都理解幼儿园工作。有人认为谁都可以做保教人员，我觉得蛮难过的。其实当保教人员蛮难的，现在孩子和以前不一样，家长要求更高了，不再是吃饱穿好。工作要动脑筋，让孩子接受你的想法不是容易的事，比如班级管理怎样有序又不呆板，如何形成自己的教学特色，怎样让幼儿尽快达到教育目标等，都是需要教师去钻研的。"

分析： 家长和其他社会成员对保教人员工作存在"简单化"认识，主要原因是受传统观念的影响，这种观念认为幼儿园入职条件较低，工作成果评价具有特殊性。虽然近几年在教育主管部门的重视和保教人员自身的努力下，很多教师通过继续教育获得了专科学历、本科学历，但保教人员的社会地位没有显著性提高。

请依据以下案例思考相应的问题。

张某，女，21岁，幼儿园大班保教人员，小时候父母对其要求比较严格，从上学到工作一直规规矩矩，对工作一贯非常认真负责。最近听说有个幼儿园发生幼儿在回家途中走失，该班老师受到严厉批评与惩罚的事情后，总是担心、害怕自己班的幼儿被其他家长接错了，甚至丢了，或被坏人劫持。张某在工作的时候总是考虑这件事，以致上课时不能专心，讲课时常常走神，有时甚至不知道自己讲到哪里了，然后就开始点名，反复点名。下午放学时，她总是要反复核查家长的姓名与幼儿的姓名，有时还追到门口外面核查，有时要检查几次，仍不放心。下班到家了还在想着每一个幼儿的事，回家后，张某马上逐个给幼儿家长打电话，再给幼儿园的传达室打电话问"有没有家长来找孩子的"，每天如此。她自己也感到疲惫不堪，教学水平下降，幼儿活动不理想，还经常向幼儿发火，情绪很暴躁，有时还表现出对幼儿的推搡行为。她自己感到很痛苦，虽然也明白自己的多次检查没有必要，可就是控制不住。

思考：张老师表现出什么问题？导致张老师心理异常的原因是什么？

思考结果

📖 学习任务二 压力的缓解

俗话说"干一行，爱一行"。保教人员满怀期待地进入幼师这个行业，但工作一段时间后，发现这个工作并不像自己想象的那么简单，感觉身心俱疲，认为工作不再那么美好。其实，从事任何工作都是有压力的，所以保教人员要学会缓解自己的工作压力，对这个职业保持初心，始终热爱自己的工作，永葆幸福感。那如何缓解自己的压力呢？

1. 调整好自己的心态

有一颗"既来之，则安之"的平常心是教师职业保鲜的秘诀。"燃烧自己，照亮别人"正是这一职业的魅力所在，所以，保教人员要有甘于平凡、不求索取、勇于奉献的良好心态。

2. 提高自己的工作技能，获得职业幸福感

很多保教人员感到压力大，其中一部分原因是难以胜任工作。只要是在园期间，保教人员几乎一刻不停地处于紧张的工作状态，这一天除了要完成教学任务，还要注意保育，做到保教合一，很多保教人员会感到力不从心。面对这种难题，建议保教人员要加强学习，可以通过园里组织的培训，也可以向园里有经验的保教人员学习，还可以通过书籍、网站等渠道，尽快提升自己的保教技能，从而从容地应对一天的工作。

3. 学会自我减压，通过多种方式放松自己

面对较大的工作压力时，保教人员除了可以通过自我心理建设减压之外，也可以用实际行动为自己减压，如利用休息时间出去走走、做做运动、看看电影、唱唱歌等，通过做自己喜欢的事情来转移自己的注意力。

4. 换位思考倾听学生心声

当自己非常愤怒时，肯定觉得自己什么都是对的，若能站在对方的立场去思考问题，相信你的火气就会消一大半。将心比心，保教人员不妨蹲下身了解孩子，贴近孩子，倾听孩子的心声，把爱融入教学中，提升孩子的获得感和依赖感。

5. 用冷处理化解脱缰的冲动

保教人员不可随着孩子的情绪冲动而失控，可以先把犯错误的孩子拉到一边，让自己的情绪得到缓和再作理性处理，防止一怒之下后悔莫及。

保教人员应学习一些应对压力的方法，掌握心理调适的方法，提高自我心理调适能力，及时疏导，排解不良的情绪和心理困扰。保教人员要努力加强个人修养，增强理智感、自制力、自信心，克服主观臆断、情绪冲动、自暴自弃，保持乐观开朗的情绪和健康平衡的心态，以适应新时期幼儿教育的发展。

多项研究显示，观看以下几类图片能够有效、及时地帮助人们缓解压力。你可以根据自己的喜好和需求，通过网络搜索或者购买画册等多种途径来寻找和收集这些图片。

① 绿植图片：心理学家发现，住在绿植丰富的地区的人感受到的心理压力较小。身居城市的我们可能很难看到大片的绿植，但看看森林、草地、公园等场景的绿植图片也能够达到缓解压力的效果（图 3-6）。

图 3-6　绿植图片

② 大海图片：在海边居住的人通常更容易放松，心态也更平衡，潮汐的自然韵律会给我们的大脑带来"镇静"效果，就好像白噪声能够让我们感到平静一样（图 3-7）。

③ 自然分形：自然界中的图形大多数是不规则的，但偶尔也有十分规则的自然几何图形，被称作"自然分形"，如贝壳上的花纹、树叶上对称的叶脉、大小统

一的花瓣等（图3-8）。

图 3-7　大海图片　　　　　　　　　　　　　　　图 3-8　自然分形

我们的大脑可能正为了消除繁杂、混乱的事物而焦虑，当看到这些和谐、对称的自然图形时，仿佛所有事情都被自动排列好了，于是感到心平气和。

④ 建筑图片：建筑当中也有许多上下左右对称、布局排列整齐的图形，例如教堂的穹顶、故宫的建筑群、寺庙的神龛等。这些人造的"自然分形"会达到更加精准、精致的水平（图3-9）。

图 3-9　建筑图片

⑤ 蓝色图片：红色让人们感到警惕和兴奋；绿色让人们感到生机盎然；蓝色让人们的思绪平静下来，放缓呼吸，专注当下。美国克雷顿大学发现，学生处于课业压力下时，如果注视蓝色的色块，感受到的压力会显著减少。学生们回答，蓝色让他们产生平静、快乐、希望、舒适等感觉。

如果你已经收集到了一些让你心情愉悦、思绪平和、缓解压力的图片，那么可以将其储存起来备用。

储存在电子设备中：可以将这些图片储存在手机或者电脑中，或根据你这段时间的需求将其设置为桌面或者屏保，方便随时翻看。

制作成画册：如果你不想通过屏幕看图片，可以购买一本台式相册，将这些图片都打印出来并装进相册，摆放在办公桌或书桌上翻看。当然，也可以将图片装进相框，悬挂在墙壁上。

如果感到烦躁了，可以放下手头的事情，闭上眼睛深呼吸，从 1 慢慢默数到 10，然后再看减压图片。看图片的时候，想象自己穿梭在森林中、漫步在沙滩上、怀抱着可爱的宠物，让自己从繁杂的事务中暂时脱离出来。

在图画的世界中放松几分钟后，可以站起来走走，例如去接一杯水、站在窗边透透气、去上个厕所等，让自己的身体也"苏醒"一下，再继续工作。

🌐 拓展学习

推荐阅读以下书籍：

《走出困境：如何应对挫折与压力》：人生难免遇到挫折，难免有一些失败的经历，但很多人不能从过去的阴影中走出来，甚至对自己形成了一种错误的认知。这种认知影响了你的能力和发挥，是你实现成功人生的绊脚石。本书就是要帮助同学们改变过去，使你心灵充满阳光，积极应对人生道路上的挫折，笑对人生。

《别和自己过不去：让心理更健康的 15 个习惯》：该书从生理学和心理学出发帮助大家认识压力，了解压力过大对人身心的影响。接着阐述了如饮食、运动、兴趣爱好、作息调整、认识转变以及催眠之类的专业放松法等调适压力的一些办法，还介绍了在面对环境、工作、家庭和考试等压力时的处置办法。

《敏感的人：如何面对外界压力》：在这本书中作者指出，高度敏感不是一种性格上的缺陷，而是一份难得的资产。她让读者了解如何从自己身上看出敏感的特性，并学会将敏感特性运用到日常的人际关系和工作中，创造更丰富、更美好的生活。

❓ 知识巩固与练习（简答题）

1. 保教人员有来自哪些方面的压力呢？举例说明。
2. 什么是情绪劳动压力？
3. 你遇到压力的时候是如何缓解的？

💡 小组研究与讨论

小组成员共同设计一个团体活动，目的是帮助保教人员合理解压。

◂ **示例** 最好的调整方式——心理游戏

目标：针对当前保教人员较大的工作压力，以及压力对保教人员个人情绪、情感的影响，我们尝试着开展本次活动，并希望能在以下两方面有所收获：一是为保教人员的平等对话搭建一座桥梁，加深彼此间的相互理解和信任；二是通过心理游戏引导保教人员分享并领悟压力的内外原因。

主题活动：压力光谱图（20 分钟）

① 请两位成员间隔约 5 米站立，分别代表数字"0"和数字"10"。"0"代表几乎没有压力，"10"代表压力很大难以承受。数字"0"到"10"之间即代表自己压力的连续"光谱"。

② 请成员从保教人员的角度评估自己的压力大小，并站到"光谱"的相应位置。同样压力程度的成员可站成一排。

③ 请成员们相互观察一下，了解自己的压力情况，了解其他人的压力情况。

④ 组织团体成员围坐在一起，交流和分享。

话题一：你的压力情况（0 ~ 10 的某一水平）是怎样的？为什么这样评估？

话题二：这种压力对你目前的影响是什么？

⑤ 教师小结：了解了自己的压力，也了解了其他人的压力，大家有什么感想？其实，面临一个比较重要的事件，我们都会不同程度地感到紧张，感到压力，这是自然的事情。面临压力，我们每个人并不"孤单"。

参考答案 3-3

◎ 学习质量评价

表 3-3　小组讨论评价表

日期：　　　　　第＿＿＿＿＿组　　　　　　　上课教师签字：

测评维度		1	2	3	4	5	关键评价	姓名
表达力 （5分）	语言表达							
	沟通影响							
分析力 （5分）	逻辑性							
	时政性							
组织力 （5分）	组织推动							
	资源协调							
影响力 （5分）	影响意愿							
	合作意识							
评分说明	满分 20 分：18 ~ 20 分为优秀，15 ~ 17 分为良好，10 ~ 14 分为及格。							

学习主题四　自我成长，人际融洽

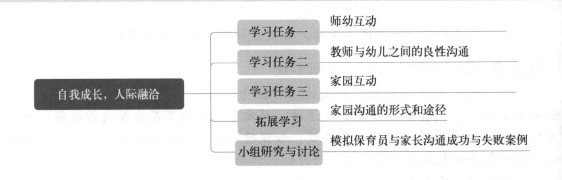

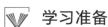 学习目标

认知目标：了解工作中正常人际交往的重要性，并愿意与人交往。

能力与实践目标：运用良好人际关系的原则、技巧，培养良好沟通交往的能力，并在实践中运用。

情感与价值目标：正确认识与完善自我，丰富阅历，积累经验，做一个更好的自己。

 学习准备

物料准备：笔记本、笔。

 学习形式

本节课将采用小组研讨、案例、视频等形式进行学习。

学习任务一 师幼互动

保教人员的人际关系所涉及的范围非常广，但最主要的关系就是师幼关系和家园关系。不管对幼儿来说还是对保教人员来说，良好的关系都是非常重要的，保教人员的微笑点头、抚摸、搂抱、蹲下与幼儿交流、看着幼儿的眼睛、倾听幼儿、融入幼儿游戏（图3-10）等，远比语言更能表达保教人员对幼儿的尊重、关心、爱护、肯定等。同样，幼儿需要保教人员的身体接触。心理学实验表明，身体肌肤的接触有利于安抚幼儿的情绪，让幼儿感到温暖、安全，消除紧张感等。

图 3-10 融入幼儿游戏

对新入园的孩子，如果我们亲切地拉拉他的手，抱抱他，甚至亲亲他，那么孩子就会较快和你亲近，较快适应幼儿园的生活。反之，如果对他冷淡，对他的哭闹置之不理，让他感觉不到你对他的关心和爱，那他就会哭闹很久，即便不哭

了也会对你没有感情，然后变得沉默，不愿入园。非语言沟通的途径和人际互动主要是在日常生活中进行，要持之以恒地用温情和爱对待孩子。另外，保教人员参与到孩子的活动中也是沟通互动的重要途径。

> **案例1** 记录美好瞬间

区域活动中，我拍下了一张老师和幼儿一起玩"看病"游戏的照片，小女孩扮演的是医生，在给"患者"打针，她的眼神明亮而专注，小嘴微张着，认真地准备给"患者"扎针……最吸引我的是扮演患者的女保教人员，她配合伸出手做出害怕的样子，紧张得双手捂着嘴巴，那表情真的就是在医院等待打针，那份投入和专注让每一个旁观者感动。我不知道当时小女孩是什么感受，是得到一点小小的成就感，还是受到鼓舞，从而喜欢上医务工作者这个职业呢？即便是体验一下生活，增加一些生活经验，都会留下美好的回忆吧！

歌德说：如果工作是一种乐趣，人生就是天堂。这位女保教人员从内心散发出一种足以让每个人为之感到的美，那是对孩子的爱，对工作的敬意。这比敬业更高一层，她是在享受自己的工作。

> **案例2** 教师也玩游戏

一个小女孩在全神贯注地玩超轻黏土，用模型做着不同形状，安静而专注。旁边是一位同样专注的老师，她没有在旁边着急地告诉孩子应该怎么做或者帮孩子做，而是等着孩子自己做出一个作品来。孩子把作品展示给老师看，这位老师借来孩子的模型，将黏土平整好，夸张地、似乎使出很大的劲将模型放上去按了又按，再用眼神示意孩子来按一按，孩子也用小手在上面按了按。老师再把模型拿开，一只可爱的小鱼出现了，孩子欣喜地笑了，老师也笑了。孩子再看看之前自己做的，若有所悟，拿回模型开始第二次自己玩。这一次，孩子用的力气大了一些，模型拿开后，小鱼出现了，小女孩快乐起来。老师看见孩子，会心地笑了，她全程都投入孩子的游戏中，也一直在玩着黏土。

这位老师能如儿童般沉浸在黏土游戏中，如果老师也不喜欢游戏，她能带着孩子一起快乐游戏吗？感动于这位老师的从容、安静，对孩子如何玩，没有教条，没有语言，只有一个动作、一个眼神，其实孩子都懂。

学习任务二 教师与幼儿之间的良性沟通

在教育活动实践过程中，保教人员和幼儿是不可或缺的两个参与主体。而良性的沟通则是搭建在二者之间的桥梁，是预期教学目标顺利实现的保证。因此，沟通是每一位教育工作者必须学习和掌握的一门功课。如何实现保教人员与幼儿之间的良性沟通成为解决问题的关键，被摆在了首要的位置。

1. 教育方法的艺术性、创造性、实用性

（1）耐心引导，为幼儿赢得成长的时间

教育幼儿不能一味地强硬，不能一味地约束，不能一味地要求他们服从，而

是需要以足够的耐心去讲道理、去解释。在他们犯错误的时候，保教人员需要做的是耐心且严肃地告诉他们错在哪里，让他们意识到自己的错误，继而改正，为幼儿赢得成长的时间。

（2）爱心呵护，为幼儿营造成长的空间

教育幼儿，需要用爱心去呵护，为幼儿营造成长的空间。在幼儿遇到困难时，教师要做的并不是"替他做"，也不是"帮他完成"，而是需要教师的一个鼓励的眼神、一个简单的引导动作、一句温馨的话语。这样才能够融化幼儿的心灵，真正走进幼儿的内心，和幼儿成为好朋友，树立起教师的威信。

2. 尊重幼儿，注重幼儿个性的塑造和发挥

作为一名教育工作者，我们是实际的教育活动中与幼儿接触最为直接、最为紧密的人。保教人员的尊重和理解，能够让幼儿感受到保教人员对他们的关爱和欣赏，能够有效增强他们的自信心。通过保教人员和幼儿之间的良性互动和沟通，能够间接地融洽幼儿与同伴之间的关系，让他们从心中热爱班集体，融入班集体，找到一种自我的归属感，实现幼儿个性化的塑造和发挥。

3. 换位思考，掌握沟通的技巧

从保教人员角度来说，需要学会站在幼儿的角度去思考问题，真正融入幼儿的世界，锻炼和提升幼儿的自我表达能力。

总而言之，保教人员与幼儿之间的人际互动与沟通交流是一门学问，讲究的是艺术，追求的是效果。保教人员在教育幼儿时，需要注重发挥教育方法的艺术性、创造性、实用性，尊重幼儿，注重幼儿个性的塑造和发挥，学会换位思考，促进幼儿的全面发展。

学习任务三 家园互动

案例 情感沟通与信息交流

一天，我们幼儿园的活动开展得很热闹，孩子们都沉浸在自己的活动中。当我往建构区走去时，突然听到一声抱怨。A小朋友对我抱怨说："老师，B小朋友把我盖的房子拆掉了。"我想向B小朋友了解具体情况，没想到在我开口之前，B小朋友很焦急地说："老师，我并不是有意的，他拿走了我的箱子，我本想要搭一艘船，是他先抢我的，真的。"他们两个都是很肯定的语气，所以我只好寻求其他孩子帮忙。他们的回答和B小朋友的一致，我让A小朋友解释到底发生了什么。此时，A小朋友还认为是B小朋友的错，一直强调自己行为的原因。A小朋友的表现让我觉得应该和他的妈妈交流交流。

第二天下午，我上完课，等着A小朋友的妈妈来接他。他妈妈看到我很客气地打招呼，我立刻上前，和她谈起了A小朋友最近在幼儿园的良好表现。他妈妈听到老师表扬儿子很高兴，还把他在家里好的与坏的表现都和我聊了起来，我也借此机会告诉她昨天发生的事。妈妈也意识到了儿子的坏习惯，还告诉我，上次因为在家里说谎，气哭了阿姨。妈妈也在操心如何让儿子改掉这个坏习惯。妈妈

还说："有时候我生气了，就狠狠地打他一顿，打了会好些，但长期这样也不是办法，真的不知道该怎么办。我们孩子太皮了，老师你也好好管管他。""打是解决不了问题的，其实你们孩子很聪明，因为你们家长比较忙，没有时间管他，要管的时候又太严厉，所以A小朋友只能靠说谎这种方法来逃避你的惩罚。对于孩子的问题，最好的办法就是你多花点时间在他身上，和他讲讲道理，我们老师也会配合你们的，孩子也会很快改掉这些坏习惯。"听了我的话，妈妈笑了："感谢老师对孩子的关心，以前我们都不好意思谈论孩子不好，现在明白了，为了孩子好，要和老师多沟通。"最后，妈妈礼貌地说声谢谢就离开了。

分析： 身为一名保教人员，不仅要时刻关心孩子的一举一动，还要注意不要冷落了家长。幼儿园应加强与家长的情感沟通和信息交流。了解家长对孩子教育的需要，尽可能地满足家长的需求，从而激发家长参与幼儿教育的兴趣和热情。当沟通双方由于某种原因产生情绪时，无论是谁的过错，保教人员一方应抑制自己的情绪。作为保教人员，应该用自己的真诚来和家长解释事情的经过，原本对保教人员有意见的家长在感化下也露出欣慰的笑容。如果保教人员对家长还采取以前的态度不给家长任何解释的话，有可能家长对保教人员和幼儿园会产生误解和矛盾，那么家长就不会热心于家园合作。矛盾、误解发生时，当保教人员的一方主动向家长做出合理的解释，家长合作的愿望和热情会更高。

保教人员与家长的沟通非常重要，保教人员的任务不仅是教育好每一位孩子，家长工作也是保教人员不可忽视的重要任务。保教人员与家长密切配合，对孩子教育意义重大。家长是孩子的第一任老师，对孩子的教育起着关键性的作用。所以作为保教人员的我们，应该重视对家长资源的利用，把家长当成教育的一个重要组成部分。只有充分利用家长资源，做到家园同步，孩子才能得到更好的发展。

保教人员与家长沟通的艺术关键在于建立相互信任、相互尊重、相互支持的伙伴关系与亲密感情。而这种关系与感情的建立首先取决于保教人员的态度与行为：对孩子的关爱、对工作的责任感、对家长的尊重和理解。当家长感受到保教人员喜爱并关心自己的孩子、工作尽心尽责时，自然会产生信任感，并由衷尊重保教人员，心理上的距离自然消除，从而乐于与保教人员接近，愿意与之沟通，家长与保教人员的关系会十分融洽。在与家长的沟通中保教人员的教育思想、育儿之方、知识技能等均能不同程度地得到提高。

做好家园沟通的工作，能让保教人员更好开展工作。保教人员可以经常利用电话进行交流，促进与家长和幼儿之间的情感交流。家长了解了自己孩子的情况，对孩子在幼儿园的生活会感到很放心，同时也使家长对保教人员的工作多了一份理解、体谅。对幼儿而言，在家中也能经常接到保教人员的电话是多么开心的事情呀！有的小朋友一接到老师的电话就会开心好多天，看见小伙伴就会自豪地说："老师还给我打电话了呢！"保教人员、幼儿、家长之间如此融洽的感情，促进了保教工作的开展。

对于家园互动中，我们总结的方法是：首先，尊重家长。尊重家长对幼儿教育的想法，多从家长的角度出发去考虑问题。其次，经常沟通。经常与幼儿家长保持沟通，主动向家长介绍幼儿在园的情况、与家长交流育儿方法、听取家长的意见和建议、解决家长的疑惑等。最后，展示自己的专业性，获得家长的认可。

家园沟通的形式和途径有以下几种。

1. 家访

家访一般是在新生入园前使用得比较多。在幼儿入园前到幼儿家中，了解幼儿的生活环境，感受幼儿的家庭教育，了解幼儿的生活习惯，为幼儿很好地接受老师和幼儿园做好准备，也能够让家长了解老师，给家长一个心理的安慰。

2. 幼儿园开放日与亲子活动

组织这类活动，家长参与度会比较高，效果也会比较好，既能体现幼儿在幼儿园的成长，也为家长和孩子之间提供了一个互动的平台。一般开放日一个月 1～2 次，亲子活动一个月 1 次，有时会根据节日进行相应的变化。

3. 家园联系册

家园联系册主要由四个栏目组成，它们分别是快乐档案、家园互动、我的成长、健康小屋。这些栏目为家长、教师、孩子提供了沟通、交流的空间。各栏的页面生动活泼，富有儿童情趣与美感；共性的内容和个性的留白，具有教育的导向性和开放性。

4. 家长会

可根据不同主题创设家长会环境，开展隐性教育。如开展"幼儿营养健康"专题家长会前，保育员在主会场旁设置了营养知识展区，利用多媒体提供营养达标数据等资料，让家长了解相关知识，为随后参与活动奠定基础。

5. 入离园接待

做好入园、离园工作，照顾好幼儿，让幼儿开心，使家长放心，是保教人员对幼儿与家长的双重责任。同时这两个时段也是做好家园沟通最便捷、最及时、最有效的时机，从家长口中了解幼儿及相关注意事项，同时让家长了解并反映幼儿在园的各种情况。

1. 师幼互动的三种途径是什么？
2. 如何实现教师与幼儿之间的良性沟通？
3. 家园共育的意义是什么？
4. 家园共育工作的方法是什么？
5. 家园沟通的形式和途径有哪些？

自行分成小组进行"保育员与家长沟通成功与失败案例"情景角色模拟，体会人物的不同情感变化，并谈谈各自的感受。

许多家长即使对幼儿园和保教人员有看法，也往往藏在心里，不敢与保教人员沟通。原因是许多家长担心向保教人员提要求会对自己孩子不利，或担心自己讲话不够得体，把握不好分寸。下面是家长与保教人员沟通的模拟案例，请大家分小组进行情景表演。

案例1 正确沟通

家长：老师，我可以进来和您谈谈吗？

老师：欢迎！请坐到这儿吧。（微笑着用手势示意家长坐下）

家长：你们老师真是辛苦，每天要带那么多孩子，真是不简单啊！

老师：（一边给家长倒茶）是呀。孩子小，自控能力差，而家长的期望值又那么高，我们的压力还是有的！不过能看到孩子们在幼儿园都很开心，我们也是幸福的。

家长：现在的孩子都是独生子女，每个家庭都对孩子宠爱有加。

老师：是的。家长比较宠爱孩子，又对孩子寄予高期望，唉，可怜天下父母心哪！（摇头，很无奈的样子）哦，我忘了，你是不是有什么话要对我讲？（笑）

家长：（微笑着）是的。我家馨馨最近对跳舞的兴趣特别浓厚，每天嚷着要跳舞给我和她爸爸看，她爸爸看她这么感兴趣就特地给她买了一面大镜子，她对着镜子跳舞可开心了。

老师：哦？可是，在幼儿园我问她是不是不想跳舞，她告诉我说"是"。

家长：会不会馨馨在幼儿园跳舞跟不上同伴，不够自信？

老师：说实在的，馨馨对舞蹈的感受力和表现力确实一般。考虑到她最近腿脚不方便，我就让她坐在旁边看。

家长：谢谢您为馨馨想得那么多。我和她爸爸看她在家里那么喜欢跳舞，实在不忍心让她只看着小朋友跳舞了。我们猜想她内心还是喜欢跳舞的，您说是不是？

老师：看来是的。

家长：我想，馨馨可能因为腿不好，怕在老师和同伴面前丢脸才说不想跳舞的，她说的可能并不是心里话。

老师：可能是吧。馨馨在幼儿园表现欲得不到满足，就想在家里得到满足，有这种"补偿"心理是很正常的。是我太大意了，我应该考虑到这一点的。不好意思，馨馨妈妈，从明天起我就让馨馨"归队"。

家长：（起身）谢谢了！再见！

案例2 错误沟通

家长：老师，我有事要找你。你们班每个孩子是不是都参加了舞蹈排练？

老师：是的。

家长：那你怎么就不让我家馨馨跳舞？她回家说，每次跳舞老师都让她坐着。

老师：那是因为最近馨馨的腿脚不方便，我问她是不是不想跳，她说"是的"，我这才让她坐在旁边看的。

家长：你知不知道她每天回家就嚷着要跳舞给我和她爸爸看，她爸爸看她这么感兴趣还特地买了一面大镜子。这样喜欢跳舞的孩子你说她在幼儿园不想跳舞谁相信？（情绪有些激动）

老师：我体谅动作不便的孩子，我尊重孩子的意愿有什么错？（语气加重）

家长：馨馨在家那么喜欢跳舞，你这怎么叫尊重孩子的意愿？（生气）

老师：馨馨在家的情况你可以向我反映，完全用不着这种态度呀？

家长：你这样的态度就好了吗？什么老师?!我这就去找园长，如果可以，馨馨最好换个班级。（气冲冲地走出教师办公室）

馨馨妈妈是想告诉教师，馨馨尽管腿不舒服，舞跳得不好，但还是想参加班级的舞蹈排练。我们从中可以看出，不同的交谈方式，沟通效果截然不同。前者顺利地达到了沟通目的，而后者非但达不到沟通目的，双方的心情也变得愤怒。同样的事情，同样的地点，不同的沟通方式却有截然不同的结果。这告诉我们：沟通得当，问题就会迎刃而解或"化干戈为玉帛"；人际关系相处得不融洽，只会使问题复杂化。

 学习质量评价

参考答案 3-4

表 3-4　角色模拟考核评价表

日期：　　　　　　第＿＿＿＿组　　　　　　上课教师：

评价维度	定义	考核分值对应的标准	权重	得分
角色理解能力	按照角色规范的要求采取相应的对策和行为	8～10分：对要求自己承担的工作角色有清楚的认知，能恰当地进行角色定位，按照角色的要求参与活动；语言、行为表现与角色的要求一致	20%	
		5～7分：对要求自己承担的工作角色有一定的认知；能比较恰当地进行角色定位；语言、行为表现与角色的要求比较一致		
		1～4分：对要求自己承担的工作角色没有认知，几乎不能进行角色定位，不能按照角色的要求参与活动；语言、行为表现与角色的要求不一致		
灵活应变能力	在外界事物发生改变时，所做出的反应，是经过大量思考过程后做出的决策	8～10分：能迅速地作出反应，寻求非常合适的方法，使事件得以妥善解决	15%	
		5～7分：能比较迅速地作出反应，寻求比较合适的方法，使事件得以解决		
		1～4分：不能迅速地作出反应，寻求不到合适的方法，不能使事件得以妥善解决		
语言能力	将思维所得的成果用语言反映出来的一种行为，以物、事、情、理为内容	8～10分：介绍整件事情简明扼要、全面，表达清晰流畅，对事情有正确客观的评价，表达真实可信	25%	
		5～7分：介绍整件事情比较简明扼要、全面，表达比较清晰流畅，对事情有一定正确客观的评价，表达可信程度比较高		
		1～4分：介绍整件事情不清楚，对事情几乎没有正确客观的评价，表达让人怀疑		

评价维度	定义	考核分值对应的标准	权重	得分
沟通能力	是人与人之间、人与群体之间思想与感情的传递与反馈的过程，以求思想达成一致和感情通畅的能力	8～10分：能充分运用语言和文字表达自己的观点，与上级沟通时条理清晰、措辞恰当，了解工作情况	20%	
		5～7分：能运用语言和文字表达自己的观点，与上级沟通时比较条理清晰、措辞恰当，比较了解工作情况		
		1～4分：几乎不能运用语言和文字表达自己的观点，与上级沟通时很紧张，几乎不了解工作情况		
团队合作意识	是要有集体观念和团队精神，对内同企业各部门协调发展，对外选取合适的合作伙伴的能力	8～10分：有较强的共情力，能够理解和接纳他人建议，高度认同与他人合作共赢，懂得合作技巧，有较强的利他意识	20%	
		5～7分：比较重视团队合作，能够与同事、客户以及相关外部资源进行合作，有一定的合作技巧，有一定的沟通能力		
		1～4分：对团队及他人缺少关心的热情，不能与同事、客户以及相关外部资源进行合作，合作技巧薄弱，几乎很少同其他人沟通		

学习主题五 身份认同，提升幸福感

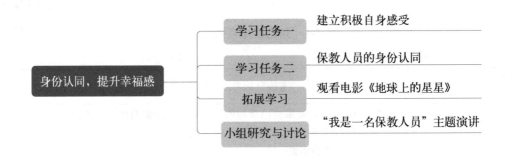

学习目标

认知目标：知道自己需要什么，同时认识自己的职业身份。

能力与实践目标：能够与自身建立起联系，具有与学科职业建立联系的能力。

情感与价值目标：体验保教人员职业，理解自我完善的方式，并且愿意体验职业的过程与结果。

学习准备

物料准备：笔记本、笔。

学习形式

本节课将采用小组研讨、案例、视频、演讲等形式进行学习。

当新保教人员踏上工作岗位后，必然会遇到来自班级事务、幼儿、家长、领导、同事等各方面的困扰。此时，新保教人员千万不能急躁，应沉下心来进行积极的自我调节，让自身充满正能量。外界事物都是自身感受的反映，只有自己的世界阳光灿烂，外面的世界才会缤纷多彩，班级管理工作也才能有声有色。

1. 自我悦纳，幸福生活

自我悦纳是指个体对自身以及自身特征所持的一种积极的态度，即能欣然接受自己在现实中的状况，既不骄傲，也不自卑。自我悦纳能够使保教人员自尊、自信和自爱，强化保教人员的职业认同感。自我悦纳首先要无条件地接纳自己，包括自己的优缺点，接纳自己的不完美，接纳自己当下所有的反应、想法和情绪，即使它们是负面的、消极的。要想成为一名成功的保教人员，首先要学会成为一个成功的普通人。要知道，我们并不是圣人，面对生活中的种种困难和不如意，心烦意乱、情绪失控、紧张犯错是很正常的。我们首先要认可自己、理解自己、包容自己，只有学会爱自己，才能更好地去爱别人。

对保教人员这一职业来说，身教重于言教。只有保教人员"幸福地引导"，才有幼儿"幸福地学习"。幸福感取决于我们自己的心态和观念。一些人之所以能够经常体验到幸福，是因为他们具有与其生存现状相适应的幸福观。要知道，即使我们拥有整个世界，我们一天也只能吃三餐，一次也只能睡一张床。把幸福寄托在别人的给予或环境的改变上是一件很愚蠢的事情，正如《于丹〈论语〉心得》中所说"幸福只是一种感觉，与贫富无关，与内心相连"。

2. 知足感恩，享受工作

心理学研究表明，人的幸福指数与其欲望成反比，即在同等生活条件下，欲望越少的人，幸福指数越高。5 岁时，你会因为得到一颗糖而快乐；15 岁时，你会因为考试全班第一而兴奋；25 岁时，你会因为得到某位异性的青睐而狂喜；35 岁时，你会因为拥有一辆越野车而得意……我们的财富在增加，可幸福指数却在降低。我们时常抱有这样的幻想：要找一个安静的地方，才能安心学习；要到森林、草原，才能感觉心旷神怡；要去海滩、公园，才能体会浪漫气氛；要在哪里工作，才能……于是，这些条件就变成了我们获得幸福的砝码，成为我们不够幸福的理由。事实上，拥有这种想法的人往往很难感受到幸福，因为真正重要的不是你在哪，拥有什么，而是你怎么想。许多时候，一个人的快乐，不是因为他拥有的多，而是因为他计较的少，"知足常乐"就是这个道理。

一些保教人员急于跳槽，很重要的一个原因是过多关注职业中存在的不足，而忽视了这一职业的优势。每个职业都有其独特性，也有其不尽如人意的地方，不能简单地进行比较。在看待职业问题时，要结合自身特点从多个角度分析，找准自己的定位，培养自己的职业兴趣。此外，我们生活的各个领域是相互影响的，身体健康状况、自身情绪以及家庭关系等方面的问题都会对保教人员的工作造成影响，工作状况反过来也会影响其他方面的发展。一些保教人员几乎把全部精力和时间都放在工作上，甚至不惜以牺牲自己和家庭为代价，这种"顾此失彼"的做法是绝不可取的。

3. 终身学习，勤于反思

人在工作生活中的许多烦恼大多是对自己无能的愤怒，很多压力也来源于自身能力的不足。保教人员在从事班级管理工作中会发现，之前在学校里学习的知识是远远不够的，要想成为一名优秀的保教人员，在工作后必须不断"充电"，提高自身的专业水平。也可向有经验的保教人员、骨干教师等请教自己在工作中所面临的困惑，共同探讨解决的策略。积极参与园本教研、名师讲坛等互动平台，加强彼此之间的沟通交流，集思广益，提升班级管理艺术水平。

4. 赶走焦虑，保持乐观

保教人员时常会处在焦虑情境中，这些焦虑表现在对幼儿安全问题的担忧、课改新理念带来的挑战、转岗和下岗时表现出的担心。客观现实是无法回避的，首先要承认消极情绪的存在，并接纳它们，然后再分析其产生的原因，对症下药。保教人员应当学会理智地看待自己的情绪问题，弄清楚自己苦恼、忧愁、愤怒的原因，是否确实可恼、可忧、可怒。事实上，许多烦恼其实是我们自找的，正如戴尔·卡耐基所说"使我们不快乐的，往往是一些芝麻小事。我们可以避开大象，却躲不开一只小小的苍蝇"。明确了这一点，我们就可以避免在一些无谓的小事上浪费自己的时间和感情。

无论在什么情况下都应当保持乐观的心态，相信坏事情总会过去，阳光总会再来。乐观是一种思维方式，面对生活中的不如意，乐观的人总会往好处想；乐观更是一种态度，面对人生中的挫折和不幸，乐观的人总是选择放大幸福，缩小痛苦。因此，能够保持乐观心态的保教人员，在工作和生活中必然能够体验到更多的乐趣。我们经常处在积极乐观和消极悲观两种心态的交替中，但经过坚持不懈的自我调节，我们便可经常保持积极乐观的状态。

📖 学习任务二　保教人员的身份认同

保教人员的身份认同主要是保教人员个人或群体在幼儿教育教学专业实践过程中逐步形成的对自己身为保教人员的理解与看法，是保教人员对自己"我是谁""我该怎么做""我为什么要这么做"的认知、思考与看法，是保教人员作为专业人员明确自己角色的前提。保教人员的积极情感身份认同对保教人员专业成长有着极其重要的作用。那如何培养保教人员的身份认同呢？

1. 关爱幼儿

多年的教育经验告诉我们，从细节入手关爱幼儿，最重要的就是了解每一个幼儿、尊重每一个幼儿。世上没有两片完全相同的树叶，茫茫人海中也没有两个性格完全相同的幼儿。每个幼儿都是独一无二的，他们都以自己独特的形象呈现在保教人员面前，他们有着不同的家庭背景、不同的学前知识基础、不同的秉性、不同的爱好，在生理与心理上都有一定的差异。所以尊重幼儿，不仅仅要做到不伤害幼儿的自尊心，不体罚幼儿的身体，不辱骂幼儿，不大声训斥幼儿，不冷落幼儿，不随意地当众批评幼儿，更要做到根据幼儿的个体差异制定和提出不同的发展目标和要求。我们要允许差异的存在，不能要求十根手指一样长，更不能用优秀幼儿的标准来衡量所有的幼儿，应该充分给予不同层次的幼儿适宜的发展空间和最大的自由。

2. 用欣赏、审美的眼光看幼儿

每一个幼儿都是天使，可爱善良。保教人员长时间和幼儿在一起，不能以一种居高临下的眼光看幼儿，或者把幼儿仅仅看成是自己的教育对象。要学会跟他们做朋友，一起玩游戏。这样的课堂就是美丽的，这样的保教人员也是幸福的。这也是每个保教人员追求的最高课堂境界吧。

3. 提升保教人员的个人素养

保教人员不同于小学、中学的教师，更有别于大学教师，保教人员身上肩负的责任是其他教师无法真正体会的。保教人员的教育对象正处在人生的最初几年，是形成良好的道德观念、行为习惯的关键期，而保教人员是这个时期对其产生影响最关键的人物。因此，保教人员的个人素养显得尤为重要。保教人员除了像其他学段的教师那样备课外，每一天、每一个时刻都在做同一件事情——坚持保育与教育相结合的原则，引导幼儿体、智、德、美诸方面全面发展，帮助其形成健全人格。幼儿教育者都知道，这不是一句简单的话，而是需要身体力行地实践。

请在下列的各项问题中，根据你的真实想法做出选择，没有对错之分，请真实填写。小组成员统计本小组的数据，并分析数据。

① 你现在就读的专业是所填写志愿中（　　　）。

A. 第一志愿　　　　B. 第二志愿　　　　C. 第三志愿　　　　D. 调配

② 你对所学专业的了解情况是？（　　　）

A. 非常了解　　　　B. 比较了解　　　　C. 一般　　　　　　D. 不了解

③ 你对现在所学的专业知识是否感兴趣？（　　　）

A. 很感兴趣　　　　B. 有点兴趣　　　　C. 无所谓　　　　　D. 没多少兴趣

④ 如果现在有一个重新选择专业的机会，你还会选择本专业吗？（　　　）

A. 会选择　　　　　B. 应该会选择　　　C. 无所谓　　　　　D. 不想选择

⑤ 是否乐意告诉别人你所学的专业？（　　　）

A. 非常乐意　　　　B. 比较乐意　　　　C. 无所谓　　　　　D. 不乐意

⑥ 你认为家人或朋友对你现在所学的专业满意吗？（　　　）

A. 非常满意　　　　B. 比较满意　　　　C. 没想过　　　　　D. 不满意

⑦ 你认为同专业的同学对本专业感兴趣的多吗？（　　　）

A. 非常多　　　　　B. 比较多　　　　　C. 不清楚　　　　　D. 比较少

⑧ 你认为本专业所开设的课程符合自己的期望吗？（　　　）

A. 非常符合　　　　B. 比较符合　　　　C. 一般符合　　　　D. 非常不符合

⑨ 你了解本专业的核心课程吗？（　　　）

A. 非常了解　　　　B. 比较了解　　　　C. 一般了解　　　　D. 不了解

⑩ 老师所教的内容符合你的期望吗？（　　　）

A. 非常符合　　　　B. 比较符合　　　　C. 一般符合　　　　D. 完全不符合

⑪ 你是否满意所学专业的发展前景？（　　　）

A. 非常满意　　　　B. 比较满意　　　　C. 没想过　　　　D. 不满意

⑫ 毕业后你是否愿意到幼儿园或相关领域工作？（　　　）

A. 非常愿意　　　　B. 比较愿意　　　　C. 没想过　　　　D. 不愿意

⑬ 毕业后你是否愿意继续在学前教育专业领域深造？（　　　）

A. 非常愿意　　　　B. 比较愿意　　　　C. 没想过　　　　D. 不愿意

⑭ 你认为社会对保教人员的认同程度怎样？（　　　）

A. 非常高　　　　B. 比较高　　　　C. 一般　　　　D. 比较低

分析结果

🌐 拓展学习

推荐观看电影《地球上的星星》。每个孩子都是地球上的星星，也许有的星星生来不像其他伙伴那样明亮璀璨，但不能否认，他们也有自己的光芒，在某个瞬间他们所发射出的光芒反而更加耀眼，让你更多地体验教师职业的幸福。

❓ 知识巩固与练习（填空题、简答题）

1. 自我悦纳是指个体对自身以及自身特征所持的一种（　　　）的态度，即能欣然接受自己在现实中的状况，既不（　　　），也不（　　　）。

2. （　　　）的保教人员，在工作和生活中必然能够体验到更多的乐趣。

3. 新保教人员如何调整好自己的心态，做好班级保育工作？

4. 如何提升保教人员的身份认同？

💡 小组研究与讨论

自行分成小组进行以"我是一名保教人员"为主题的演讲。

示例　我是一名保教人员

我是个热爱生活的人，大自然中一片新绿，朵朵雏红尚且令我激动不已，更不用说这群天真无邪的小宝贝！在我的心目中，孩子们的眼最真，情最美，心最善。

一届届幼儿交替着，我的春夏秋冬也在轮回。每天的工作是平凡的，甚至是琐碎的，但我从孩子们的微笑、善言、憨态、好奇心和童心中，筑起了我心中最美的风景。每天听着孩子们一声声稚嫩的问候，对着一张张可爱的笑脸，抚摸着孩子们的小脑袋，心中涌起千般感触。我成为孩子们的老师，孩子们稚嫩的笑声感染了我，我尽量用心体会，为自己能从事这份太阳底下最光辉的职业而感到自豪。

每当午睡时，我把目光投向熟睡中的孩子们红扑扑的脸蛋，时而努起小嘴，时而呓呓梦语，带着几分天真、几分稚气。我亲昵地摸摸这个，又亲亲那个，周围一片静寂，偶尔听到孩子们均匀的鼾声。此时，望着进入甜美梦乡的孩子们，我总觉得自己跟孩子们已经产生了一种无法言语的情感，我越来越舍不得离开这些可爱的小家伙了。

希望我变成老师奶奶的那个时候，满头银丝，戴着老花镜，依然笑眯眯地给他们讲"小红帽"的故事，而孩子们就像小鸟一样围在我身边，听完了摇着我的手央求我再讲一个，那是一幅多么美丽而温馨的画面啊！作为一名老师，我也许享受不到鲜花簇拥的非凡风光，但是有一种非凡是可以完全由我自己来创造、来把握的，那就是把我的能量发挥到极致。所以，无论富贵也好，贫贱也好，掌声雷动也好，孤寂独处也好……我将永远保持旺盛的创造力和饱满的激情拥抱最深爱的保教人员这份职业。

听！孩子们一句句纯真的"老师好"，正像缕缕春风，让你感到陶醉！看！硕果累累的秋天，孩子们频频传来的捷报，正像沁人心脾的果香，让你感到满足！我踌躇满志地陶醉在自己的幻想中，盼着这一天的到来。

 学习质量评价

参考答案3-5

表3-5　演讲评分表

班级：　　　　　　　　　　　　演讲主题：

姓名		演讲题目	
评分项目			得分
演讲内容 （40分）	主题鲜明深刻，格调积极向上（15分）； 语言自然流畅，富有真情实感（15分）； 演讲作品为原创，演讲效果良好（10分）		
语言表达 （20分）	声音洪亮，口齿清晰，普通话标准（10分）； 语速适当，表达流畅，节奏张弛有度（10分）		
演讲技巧 （30分）	衣着整洁，举止得体（10分）； 灵活运用语速、语调、手势（10分）； 脱稿（10分）		
仪态仪表 （10分）	仪表形象良好（5分）； 临场综合表现良好（5分）		
综合得分			

注：演讲比赛可以小组方式参赛，增加集体荣誉感，促进小组与小组之间的积极竞争。

第四单元 情——职业中应秉持的积极信念

陶行知先生说："爱是一种伟大的教育，没有爱就没有教育。"爱源于高尚的责任，爱孩子是教师的天职，教师的爱能打开孩子心灵的窗户，照亮孩子成长的道路。而幼儿教育更是一份需要用爱心去耕耘的事业，因为那些幼小、纯真的孩子更需要用加倍的爱心去呵护他们，引领他们健康快乐地成长。我们应以幼教的情怀，做有情怀的幼教人。

学习主题一 保教人员的职业价值观

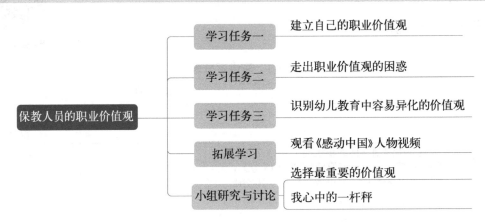

保教人员的职业价值观
- 学习任务一——建立自己的职业价值观
- 学习任务二——走出职业价值观的困惑
- 学习任务三——识别幼儿教育中容易异化的价值观
- 拓展学习——观看《感动中国》人物视频
- 小组研究与讨论——选择最重要的价值观 我心中的一杆秤

学习目标

认知目标：认识正确的人生观，重新审视自己，在今后的学习、工作中能够不断反思、提升自己。

能力与实践目标：探索自己的生命价值，能够践行正确的人生观、价值观。

情感与价值目标：针对不同的价值观采取尊重接纳的态度，并自觉做社会主义核心价值观的践行者和传播者。

学习准备

物料准备：笔记本、笔。

资料准备：《感动中国》2018年度人物教师张玉滚视频、《感动中国》2020年度人物教师张桂梅视频。

📖 学习形式

本节课将采用小组研讨、案例、视频等形式进行学习。

学习任务一 建立自己的职业价值观

职业价值取向是内心关于所从事的职业对自己和社会的意义和重要性的认识倾向，是个人内化了的一种价值观。在教育改革不断深入、教师专业化发展成为主要趋势的今天，保教人员的职业价值取向对指导保教人员职业发展规划、提高保教人员适岗能力尤为重要。作为幼儿保育专业的学生，应该如何建立起自己的职业价值观呢？

1. 把自己定位为专业人员

价值取向越积极，对于职业的发展就越有信心，对教师职业就越具备认同感及归属感，职业的参与感和表现就越良好，相应的职业素质就越高。我们自身首先要以成为专业人员为自我期望，按照专业人员的标准来要求自己，才能真正确立保教人员的主体意识和首创精神，自觉、自主地为自身职业发展开创广阔空间。我们只有以专业人员为自我期望，并不断向这个目标努力，才能充分发挥自己的潜能，真正向专业化迈进，培养职业发展价值取向，切实提高自己的职业地位。

2. 在学习和工作中做一名研究者、反思者

社会的发展使得"给学生一杯水，教师要先有一桶水"的标准无法满足时代的要求。时代要求保教人员"自己的那桶水"不能是多少年一成不变的"旧水"，应是新鲜的"活水"，而将"旧水"变成"活水"的根本途径就是使自己成为反思者和研究者，在不断的思考和研究中，让自己的专业知识得到丰富和深化。

当我们在工作中出现了难以解决的问题，不能用自己现有的理论去解决时，就带着问题去读书，用学来的理论去审视自己的教学实践。根据理论自己提出解决方案，再在实践中验证方案的科学可行性。这样就将理论和实践很好地结合起来了。如果不学习理论，就不能对自己获得的感性的保育经验进行深刻的反思，这些经验就永远只能是一堆素材，不能成为最终的科研成果。

3. 多参与教学实践

作为在校读书的学生，我们对保教人员职业的认可还处于"虚拟"阶段，还不能真正体会作为保教人员的滋味，只有投入教学职业，真正开始教学实践活动，才可能深刻地理解教育的理念和精神，才可能真正形成职业发展的价值取向。在实践中，以优秀教师为榜样，向老教师学习业务和精神品格，在教学实践中尽快胜任工作，形成积极的职业价值取向。

📚 学习任务二 走出职业价值观的困惑

职业价值观的困惑突出地反映在职业道德的冲突上。一方面，自己有着强烈的集体主义意识，并崇尚自强进取、勤奋敬业、质朴俭约、诚信交往的道德价值观；另一方面，又有拜金主义、享乐主义和个人主义的倾向，甚至表现出对物质、功利、享乐的崇拜，对精神世界、意义世界的漠视。这时，需要对自己的职业价值观进行审视与调整。在建立起职业价值观之前，我们先分清职业中的工具型价值观和终极型价值观（图4-1）。

工具型价值观和终极型价值观是有巨大区别的，金钱、工具、汽车、房子、工作等都属于工具型价值观，而快乐、幸福、成就感、尊重、被信任感等都属于终极型价值观。但是很多时候，我们总是忙于追求工具价值，而渐渐忘记了当初真正想要的价值，

工具型价值观	终极型价值观
金钱、工具、汽车、房子、工作……	快乐、幸福、成就感、尊重、被信任感……

图4-1 工具型价值观与终极型价值观

最终成为工具价值的牺牲品。许多人之所以在职业上走偏了路，是因为没有弄清楚"终极价值"和"工具价值"两者间的差异，常常费心于那些并非真正想要的工具价值上，因此才会遭受那么多的痛苦。唯有终极型价值观才能使人的心灵得到满足，让人生更丰盛、收获更多。

📚 学习任务三 识别幼儿教育中容易异化的价值观

随着社会的发展，诸多客观原因和保教人员方面的主观原因使保教人员在工作中未能以幼儿的发展为本，导致出现异常，主要有以下几方面容易异化的价值观。

1. 教师爱的偏失

一名合格的保教人员应该能够接受并悦纳每一位幼儿，而在实际工作中，保教人员会因为种种原因而偏爱一部分幼儿，忽视甚至厌恶一部分幼儿。保教人员偏爱的幼儿主要包括以下几类：乖巧听话的、相貌可爱漂亮的、家长委托的、家庭条件优越或有背景的。保教人员爱的偏失对幼儿的成长危害是非常大的。保教人员对某个或某部分幼儿表现出来的情感或态度也会影响其他幼儿对他们态度的改变。被教师忽视、冷漠的幼儿在幼儿园感受不到爱的温暖和自身的存在感，性格会变得孤僻，从而不愿意与他人交流，甚至不愿意去幼儿园。

> **案例** 让人羡慕的雯雯
>
> 雯雯长得乖巧可爱又有礼貌，是个人见人爱的小姑娘。每天雯雯来到幼儿园，老师都要抱着她聊几句，有时候老师还会专门给雯雯扎上漂亮的小辫子。有的小朋友也希望像雯雯那样能够跟老师亲亲，可是老师总是敷衍几句就让他去区角活动了。拥有老师"专宠"的雯雯在班里就像小公主一样，别的小朋友都好羡慕。

2. 教师爱的冷漠

当今，幼儿园教师虐童事件、体罚问题受到社会各界的关注。社会各界和家

长监督幼儿园的呼声越来越高，教师体罚幼儿的现象较少出现在公众的视野中，但新的问题又伴随而来。保教人员对于调皮难以管教的孩子以"冷暴力"的方式对待，教育"冷暴力"成为破坏幼儿园师幼关系和谐的幕后黑手，包括教师对幼儿的忽视、冷漠、嘲讽、放任等手段，使孩子幼小的身心受到严重的摧残。

> **案例** 被冷落的鑫鑫
>
> 鑫鑫在班里比较调皮，游戏时跟别的小朋友捣乱，对老师也没有礼貌。逐渐地，大家都开始疏远他。一次手工课上，老师请小朋友拿着自己的作品上来展示。鑫鑫也想拿给其他小朋友看，他把手举得高高的，可是老师就是不请他上来。

3. 教师爱的过度

《幼儿园教育指导纲要（试行）》指出：幼儿园教育应保教并重，关注个别差异，促进每个幼儿富有个性的发展。"保教并重"是幼儿教育与其他阶段教育最显著的区别，保教人员在幼儿园的各项保教任务是幼儿一日生活的保障。然而，幼儿园管理制度上的缺陷、保教人员自身观念或能力有限、家长的压力等原因，又使幼儿被过度保护。主要表现为幼教管理部门对幼儿园安全问题过分放大；幼儿园管理人员对保教人员不合理的工作要求；保教人员由于专业素养不足而专注于班级室内外卫生以及幼儿餐饮、盥洗、安全等问题；家长对幼儿的一日生活中过多重视餐饮、盥洗、安全等问题，无形中使得保教人员保教的重点产生偏移；幼儿年龄尚小，生活经验不足，一日生活中独立照顾自己的能力较弱，需要保教人员适当地照料其生活。保教人员"过度保护"给幼儿独立成长带来了不利的影响。

拓展学习

观看《感动中国》2018年度人物教师张玉滚、《感动中国》2020年度人物教师张桂梅的视频。

? 知识巩固与练习（填空题、简答题）

1.（　　）是内心关于所从事的职业对自己和社会的意义和重要性的认识倾向，是个人内化了的一种价值观。

2. 职业中一般分为（　　）型价值观和（　　）型价值观。

3. 如何建立起自己的职业价值观？

4. 哪些是幼儿教育中容易异化的价值观？

5. 在学习和工作中我们如何做一名研究者、反思者？

小组研究与讨论

活动1：选择最重要的价值观

步骤 1：参照以下价值观选项，选出其中五种对你来说最重要的价值，分别写在五张纸条上。

人际关系 / 归属感、团队合作，物质保障 / 高收入，稳定，安全，创造性，多样性和变化性、新鲜感，乐趣，自由独立（时间，工作任务），平等，被认可，受尊重，能帮助他人，能发挥自己的才能，成就感，成功，名誉，地位，有意义，自主，有学习 / 发展 / 成长的机会，权力（领导 / 影响他人），有益于社会，挑战性，冒险性，竞争，符合自己的道德观，工作环境、工作地点，工作与生活的平衡，健康，家庭，朋友，亲情，亲密关系，爱，健康，信仰，自由，幸福，为社会服务，和谐，平等……

步骤 2：在另外一张白纸上给每一条对你来说重要的价值观下定义，即要达到什么样的水平你才能满意。

步骤 3：现在，如果你不得不放弃其中的一条，你会放弃哪一条？将你准备放弃的这一条与其他人交换。

步骤 4：现在，如果你不得不继续放弃剩下四条中的一条，你会放弃哪一条？再次与其他人交换（保留刚才别人给你的，放在一边）。

步骤 5：重复以上步骤，直到最后一条。这条是你无论如何也不愿放弃的。

步骤 6：小组讨论，为什么留下最后一条，达成共识。

参照价值观选项，选择五种对自己来说最重要的价值观（按重要程度排序）。通过这个活动，你对于自己的价值观有什么样的了解和想法？

活动 2：小组设计一个职业价值观课题

具体内容如表 4-1。

表 4-1　职业价值观课题示例"我心中的一杆秤"

项目		内容
设计理念		职业价值观是指人生目标和人生态度在职业选择方面的具体体现，也就是一个人对职业的认识和态度以及对职业目标的追求和向往。根据不同的划分标准，人们对于职业价值观的划分也不相同。我们现阶段正处在个体价值观形成的关键时期，一些出现身心、行为问题的学生，就与价值观、职业价值观的混沌和扭曲有关。因此，明晰学生的职业价值观，有助于学生树立正确的人生方向和积极的生活态度，以便更好地规划未来
教学环节	生涯体验	一个人的价值观会影响人生的决策，在择友择业时都受它的指引，有的人认为财富收入、社会地位、兴趣特长等对自己来说是重要的，那应该如何选择呢？下面我们通过活动"我的五样"来厘清一下自己的价值观。 （1）活动：我的五样 　请同学们拿出纸和笔。准备好后，在白纸顶端写下"×××的五样"。这个"×××"就是你的名字。现在，请回忆自己生命中重视的、重要的、不可或缺的一些人、事、物，认真写下其中最重要的五样。请大家看着纸上的五样，想一想选择这五样的理由是什么？ 　糟糕！你的生活中出了一点意外，生命中最宝贵的五样保不住了，你要舍去一样。请你拿起笔，把五样之中的某一样抹去。 　此刻，生活又发生了重大变故，来得更凶猛急迫，你保不住你的四样了，必须再放弃一样。请三思而后行。请遵照游戏规则，用你的笔把四样当中的某一样涂黑。现在白纸上还有三个选项和两个黑斑，只有你知道黑斑里曾经有什么。

项目		内容
教学环节	生涯体验	也许你已经猜到了，不错，生命进程中你又遇到了险恶和挑战。这一次，你又要放弃一样宝贵的东西了。也许你不想继续了，也许你要怪我太残忍。但我要对大家说，请坚持下去。游戏的核心价值就在这里——学会放弃。不管你多么不愿意，请坚持下去，你离胜利不远了。纸上现在只保留了两样。请听好，事情还没有完，咱们还要继续…… 是的，你的生活滑到了前所未有的低谷，你必须做出一生中最艰难也是最果断的选择，你只能留下一样，其余全部放弃。现在你的纸上只剩下了一样东西，这就是你宝贵的东西。你涂掉了四样，它们同样是你宝贵的东西。被涂掉的顺序就是你心目中划分的重要程度。 （2）思考与讨论 ①你最后留下的是什么？你的理由是什么？ ②听了同学的讨论之后，你是否想调整原先的选择？ ③一个人的价值观可能改变吗？说说你的看法。 ④当你的价值观与别人不一样时，你会用什么态度来面对呢？ ⑤你认为价值观对个人有什么影响？ （3）教师总结 每个生命都是独特的，我们要静下来，听听自己心灵深处的声音。每个人都可以有自己的价值诉求，在合理合法的情况下，要尊重别人的价值观，而不将自己的价值观强加于他人的现实生活中，我们的那些价值观并不能通过简单的选择来实现，而必须通过现实的努力来获得。
	生涯寄语	看看这多彩多姿的世界：有些人燃烧自己以照亮别人，有些人不择手段以获取名利，有些人奉献毕生于科学研究，有些人投身创意在艺术的殿堂，有些人潜心于道德的践履，有些人沉浸在人际的拓展……如此不同的生命形态，皆源于不同的价值观，想对世间百态了然于心，想对生命方向做好选择，就别忽略了看不见的手——价值观
师生互动		教师指导学生活动
设计意图		通过主题活动理解不同的职业价值观，实现自己的职业价值观

 ## 学习质量评价

表 4-2　小组讨论评价表

参考答案 4-1

日期：　　　　　　第＿＿＿＿＿组　　　　　　上课教师签字：

测评维度		1	2	3	4	5	关键评价	姓名
表达力 （5分）	语言表达							
	沟通影响							
分析力 （5分）	逻辑性							
	时政性							
组织力 （5分）	组织推动							
	资源协调							
影响力 （5分）	影响意愿							
	合作意识							
评分说明	满分20分：18～20分为优秀，15～17分为良好，10～14分为及格。							

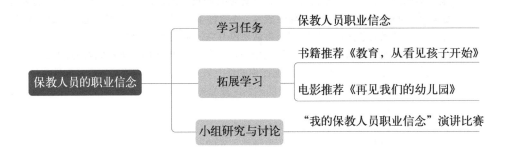

学习目标

认知目标：了解保教人员的职业信念，认识职业信念对自己发展、对社会发展的作用。

能力与实践目标：能够制订切实可行的职业生涯规划，并努力实现自己的职业理想信念。

情感与价值目标：体验积极信念、积极心理暗示带来的愉悦情绪体验和身体感受，培养积极乐观的品质。

学习准备

物料准备：笔记本、笔。

资料准备：书籍《教育，从看见孩子开始》，电影《再见我们的幼儿园》。

学习形式

本节课将采用小组研讨、案例、视频等形式进行学习。

学习任务　保教人员职业信念

理想是人们以一定的理论和现实为依据，对未来美好目标的向往和追求；信念则是人们在某种理想的长期追求实践中形成的坚定不移的精神状态，它是知、情、意、行等心理要素的有机结合。

职业信念是指个体认为可以确信并愿意作为自身行动指南的认识或看法。职业认识常变，而职业信念一旦形成则很难改变。不论选择什么职业定位，在进入行业后就算遇到再多再大的困难和挫折，都要坚定信念走下去。而保教人员对职业理想和信念的追求，是通过个人职业活动的行为方式，反映出与一定社会文化相融合的高尚的职业道德，表现为既反映时代特征，又具有鲜明个性特点的教育理想。坚定保教人员的职业信念，可从以下几方面入手。

1. 以人为本的职业道德建设

以人为本的保教人员职业道德理念体现在师德建设的实践中，就是要以幼儿的发展为本，它以鼓励人的自主发展为旨趣，以爱为核心，以理解人、尊重人、信任人为取向，让人们重新认识新时代的教育本质特征和职业特征，反映新时代的人文精神。

案例1 像家人一样

保教人员冯老师的班上，有一个特殊的孩子——孤独症儿童。带着这样一个孩子，付出的心血往往要多过普通班级老师很多倍。我们常常看见，冯老师寻找"散步"的这个孩子，然后耐心地教育他，关心、爱护他。因为她的引导，就连她班级的其他孩子，也同样关心这位特殊的小朋友，把他当作自己的家人一样对待。就连孩子的家人都觉得，冯老师做得比家人还好。

2. 严谨笃学，精心施教

潜心钻研业务，不断提高专业素质，做学生求知不竭的源头活水。幼儿是不断发展的个体，他们喜欢探索自己生活的一切事物，同时也会寻找老师、家长的帮助，这时就要求保教人员能有丰富的知识素养来解决孩子的问题。因此保教人员需要不断地学习，丰富自己的内涵，扩展自己的知识。

保教人员是一个"学无止境"的职业，在科技迅猛发展、社会急剧变化和进步的时代更是如此。要引导保教人员树立终身学习的观念，将自身专业发展贯穿整个职业生涯，利用一切机会更新和补充自己的知识、能力和技巧，跟上时代的步伐，不断有所进取和作为，努力做一个合格、优秀的保教人员。

案例2 引导幼儿科学探索

有一次户外散步，大班孩子们捡到了一只大蜗牛，于是讨论开始了。A说："你看，蜗牛的肉黏黏的。"B说："蜗牛吃什么呢？它拉的粑粑是什么颜色的呢？它和鼻涕虫有什么不一样？它为什么爬得这么慢？"……面对孩子的问题，同伴们会相互说出自己的想法，可是有很多并不准确，这就需要教师积极地回应，并引导孩子探索蜗牛更多的奥秘。所以说终身学习非常重要。

3. 淡泊名利，文明从教

在人们的眼中，教师是"太阳底下最光辉的职业"，是"人类灵魂的工程师"。"蜡烛""园丁"也几乎成了教师的代名词。教师的职业是高尚的，但同时教师的职业也是清苦的，淡泊名利，无私奉献。孩子的进步，就是我们最大的收获；孩子的一声"老师好"，就是我们莫大的财富。

提高文明素养，仪表大方，行为端庄，践行健康向上的生活方式，切实维护教师良好声誉和形象，也是一名保教人员文明从教的体现。分析不称职的保教人员行为的根源，主要是没有正确的教育观、幼儿观和教师观。保教人员要想改变其不称职行为，关键是要用正确的教育思想武装其头脑，并逐渐内化为自身的教育理念，才能指导正确的教育行为。

案例3　逆境中意志的重要性

没有什么比人的健康、生命更加重要。张桂梅老师在疾病面前怀着"只要治好病就可以回到学生身边"这样的信念，动了一次又一次的大手术，却不注意调理和休养，心里始终放不下学生，术后没几天就下地，刚被允许出院就立刻返回到学生身边，她是真正地把学生当成了自己的孩子。怀着这样的感情，什么样的学生教育不好。这就是张桂梅老师，在逆境中没有退缩，而是用自己的意志一步一步在走、在支撑。作为与我们共同生活在一个环境中的人，这样坚韧的品质值得我们去学习。在当今社会，在教师这个群体里像她一样不计名利、以奉献为乐的人值得所有人学习。

🌐 拓展学习

书籍推荐：《教育，从看见孩子开始》（作者朱永新，青岛出版社）。

电影推荐：《再见我们的幼儿园》（日本）。幼儿园毕业之前的某日，5个小朋友拿着自己画的地图一起溜出幼儿园，上了从新宿站开往高尾的中央线列车。5个人不跟家长说，打算用自己的力量去完全陌生的地方。电影体现了孩子们之间的友谊、教师对孩子的信任和支持等。

❓ 知识巩固与练习（填空题、简答题）

1. （　　　）是人们以一定的理论和现实为依据，对未来美好目标的向往和追求。

2. （　　　）是人们在某种理想的长期追求实践中形成的坚定不移的精神状态，它是知、情、意、行等心理要素的有机结合。

3. （　　　）是指个体认为可以确信并愿意作为自身行动指南的认识或看法。

4. （　　　）的保教人员职业道德理念体现在师德建设的实践中，就是要以教师的发展为本，以鼓励人的自主发展为旨趣，以爱为核心。

5. 坚定保教人员的职业信念的方法有哪些？

💡 小组研究与讨论

"我的保教人员职业信念"演讲比赛活动方案

为进一步深化师德师风建设，激发同学们爱岗敬业、无私奉献的精神，全面展示保教人员崇德向善、为人师表的情怀，在全园掀起重师德、讲师德、树师德、颂师德、学师德的职业信念热潮，决定于××月××日举行"我的职业信念演讲比赛"活动。为使比赛顺利进行，现制订活动方案如下：

活动主题：立德树人，做人民满意的优秀保教人员

活动时间：××××年××月××日

比赛地点：班级教室

参赛对象：全班全体学生

活动要求：

① 内容充实具体，条理清晰，逻辑严密，层次分明，富有启发性，有较强的感染力和号召力，题目自拟。

② 演讲过程：要求脱稿演讲，使用普通话。每位选手的演讲时间为 5 ~ 8 分钟，不少于 5 分钟（超时或时间太短均要酌情扣分）。

③ 演讲稿必须由自己撰写。

比赛程序：

① 按先后顺序进行比赛。

② 前两名胜出者将代表班级参加高级演讲比赛。

 学习质量评价

表 4-3　演讲评分表

班级：　　　　　　　　　　　　演讲主题：

参考答案 4-2

姓名		演讲题目	
评分项目			得分
演讲内容 （40分）	主题鲜明深刻，格调积极向上（15分）； 语言自然流畅，富有真情实感（15分）； 演讲作品为原创，演讲效果良好（10分）		
语言表达 （20分）	声音洪亮，口齿清晰，普通话标准（10分）； 语速适当，表达流畅，节奏张弛有度（10分）		
演讲技巧 （30分）	衣着整洁，举止得体（10分）； 灵活运用语速、语调、手势（10分）； 脱稿（10分）		
仪态仪表 （10分）	仪表形象良好（5分）； 临场综合表现良好（5分）		
综合得分			

注：演讲比赛可以小组方式参赛，增加集体荣誉感，促进小组与小组之间的积极竞争。

学习主题三　保教人员的职业幸福感

学习目标

认知目标：从生活中的点滴品味、感知、感受作为保教人员职业幸福的滋味。

能力与实践目标：有体会工作中幸福的能力以及坚持的动力。

情感与价值目标：能够实现自我能力的发展，同时体会与孩子们共同成长的幸福感。

学习准备

物料准备：笔记本、笔。

资料准备：书籍《幼儿教师追求幸福的方法》，观看视频"央视在教师节对教师的节日祝福"。

学习形式

本节课将采用小组研讨、案例、视频等形式进行学习。

学习任务 保教人员职业幸福感

保教人员所做的工作是琐碎的，每天面对的是一群天真无邪的孩子，保教人员要发现这个职业的幸福感才能做好这个工作。如果保教人员从心底感受到这个职业的幸福，那么每天都会很有激情地上班，也会很认真地做好每项工作。那保教人员的职业幸福感源于哪里呢？

1. 孩子的天真无邪

一位保教人员说："工作中还有幸福，因为我们工作时面对小朋友，对象比较单纯，心情比较放松。而且小朋友也很有趣，特别是他们身上经常发生一些让我意想不到的事，我觉得特别有趣。"

在儿童给我们带来的广阔的情感领域内，有愉快的和不愉快的、高兴的和伤心的曲调。善于认识这种和谐的乐声，是教育工作者精神饱满、心情愉快和取得成功的重要条件。如果你把孩子看成是令自己心烦的人，那么你就会感到心烦；如果你把孩子看成是可爱的天使，那么你就会变成快乐的天使。

2. 孩子的成功或成长

保教人员面对的是一群不一样的孩子，每个孩子都是有差别的，在经过保教人员的教育后。孩子有变化了，有进步了。比如幼儿从依赖父母到自己独立，从不会做事情到能主动帮助父母、老师、同伴，孩子参加比赛获奖了等，都离不开保教人员的教育、帮助。看到自己的付出没有白费，感受到孩子对自己的喜爱、尊重、感激和祝福，保教人员的内心会油然而生一种满足感，这就是做保教人员的幸福。

案例 关注分离焦虑幼儿

多多小朋友是个动觉型的小男孩，比如强行拿同伴的玩具，把积木撒满教室，故意推人、插队、午睡大喊大叫……我用自己的专业知识去看待与分析这些问题，慢慢地，我发现，其实这个孩子是入园分离焦虑，他只是表现得更为明显，情绪发泄的途径更丰富。后来，我在日常活动、户外活动、谈话活动、绘本分享时耐心地给予他更多的引导与关注，他开始慢慢地喜欢上这里，能安静倾听故事，会遵守进区规则，安慰摔跤的同伴。

现在多多小朋友变得懂事，争先恐后地帮我倒水、拿东西，早晨见面喊"老师早上好"，下午放学说"老师辛苦了，明天见"。多多点点滴滴的进步，让我觉得付出很值得。

3. 家长、社会的理解

家园合作是幼儿园的一项工作，很多家长对孩子的期望越来越高，也要求教师像他们一样爱他们的孩子，不应该骂，不应该批评。而教师一个人每天要管很多个孩子，每个孩子的性格不一样，教师要观察每名幼儿应该用什么合适的教育方法。孩子回到家，家长应该配合教育，教师工作得到家长、社会的认可和尊重，家长的支持、配合、理解是教师付出的回报，这也是教师的幸福所在。

案例 家长的一封信

在开学初，孩子由刚开始的哭闹、不喜欢幼儿园的束缚，到现在每天高高兴兴地主动要求上幼儿园；从最初的在幼儿园里哭哭啼啼，到现在每天都在幼儿园玩得很开心；从开学初不喜欢老师的陪伴，到现在每天都黏着老师。孩子的这些改变是我们家长感到最开心的事情。平时，如果孩子不舒服而没法上幼儿园，老师们总是在百忙之中打来电话询问孩子的情况。前段时间，孩子在家玩的时候不小心把鼻梁骨磕了，等他再上幼儿园时，脸上的淤青还没有完全消退，老师们看到了都心疼得不得了。早上送孩子的时候，赵老师仔细询问我孩子平时在幼儿园有没有需要她们特别注意的地方，饮食方面有什么需要忌口的……这种细致入微的关怀让我非常感动！老师们为人谦和，对孩子和蔼可亲，对家长周到热情，她们不仅是孩子的好"妈妈"，更是孩子和我们家长的好朋友！我们知道，老师是孩子心中的太阳，照耀着每个角落，影响着他们的人生……你们在平日劳累的工作中付出了太多的心血与爱心，我们家长无以回报，仅用"感谢"两个字不足以表达我们的心情。然而翻遍全部字典，仍找不到更确切的词语，只好再说：老师们，你们辛苦了！感谢，再感谢！感谢你们对孩子们的爱心、关怀、辛苦的教育和帮助！

4. 保教人员自身

幸福感是一种由内向外的感觉。如果一个人不善于体会幸福，那么他永远不可能获得幸福感。无疑，保教人员的工作是辛苦的，是劳累的，是繁琐的。其实，各种职业、各项工作都有其辛苦和繁琐之处，为什么有些人为自己的工作感到自豪、光荣、幸福？为什么有些人总是抱怨、叫苦，决定的因素还在于自己。正如辩证唯物主义所说：内因永远是事物的本质。当把心放在这些孩子身上时，我们会发现每一个孩子都是可爱的。当我们引领着他们渐渐长大时，我们会体会到像他们一样的新奇感和快乐感。像一棵小苗，每天都会有新变化，每天都会有新发展，每天都会有新的奇迹出现在我们面前，难道你还不以这样的生活而感到快乐和知足？

俗话说：施比受快乐。教师本身就是太阳底下最崇高的职业，我们要学会用崇高来感动自己，树立崇高的人生观，为教师的职业幸福插上翅膀。让激情点燃自己的人生，点燃人生的意义，点燃人生的追求，点燃人生的目标。对有追求、有目标的人来说，困难就不是困难，而是磨炼；挫折也不是挫折，而是动力。没有价值追求的人，再轻松也不一定有真正意义上的幸福感。

⊕ 拓展学习

书籍推荐：《幼儿教师追求幸福的方法》（作者余胜兰）。书籍系统地呈现了余胜兰老师30多年深耕幼教一线，在职业过程中不断发现、感受与创造幸福的方法。她发现，对幸福的教师来说，教育不是牺牲，而是享受；不是重复，而是创造；不是谋生的手段，而是生活本身。

❓ 知识巩固与练习（填空题、简答题）

1. 教师的职业幸福感来源于（　　），（　　），（　　），（　　）。
2. 你认为保教人员区别于其他人的幸福点在哪些地方？
3. 怎么理解"教师是太阳底下最崇高的职业"？
4. 当工作中遇到困难时，可以采用什么样的方法调整？
5. 保教人员追求幸福的方法有哪些？

参考答案 4-3

💡 小组研究与讨论

观看央视在教师节对教师的节日祝福视频，谈谈你的观后感受。

◎ 学习质量评价

表 4-4　观后感评分表

序号	评分标准	标准分值	实际得分
1	可以清楚、完好、精练地归纳出视频的主要内容	20 分	
2	观后感构造清楚，观与感的联合点明确	25 分	
3	围绕观与感的联合点详细、真切地表达自己的感受	30 分	
4	语言表达通顺、有条理	15 分	
5	标点符号使用准确	10 分	
	总分	100 分	

学习主题四　保教人员的职业使命感

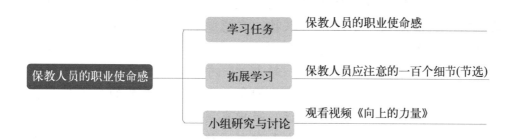

	学习任务	保教人员的职业使命感
保教人员的职业使命感	拓展学习	保教人员应注意的一百个细节(节选)
	小组研究与讨论	观看视频《向上的力量》

学习目标

认知目标：了解保教人员职业的意义与责任，增强自己的知识储备量。

能力与实践目标：对自己严格要求，积极上进，力求提升自己的业务水平，做一名高质、高产的教师。

情感与价值目标：在保教人员职业使命感的指导下，完成自己现在的使命，争取实现自己最大的人生价值。

学习准备

物料准备：笔记本、笔。

资料准备：视频《向上的力量》。

学习形式

本节课将采用小组研讨、案例、视频等形式进行学习。

学习任务　保教人员的职业使命感

幼儿是天使，是最珍贵的宝物，幼儿为我们带来了快乐。在当今这个变化万千、竞争激烈的多元社会，幼儿的教育工作比以往任何一个时代都要艰巨。一个合格的保教人员不但要具备扎实的专业知识和牢固的专业技能，更要具备强烈的责任心和使命感。

> **案例**　新老师接班前期的故事

身边的故事——走进班级第一天

今天，经过简单的交接班，我怀着忐忑的心情第一次走进大一班。不一会儿，以前的班主任白老师来了，孩子们立刻簇拥过去抱着她说长道短，拉着她不肯放手。许多孩子边哭边说："白老师，你不要我们了？你别走……"和白老师交接完必要的工作后，白老师走了。许久之后，教室里还不时地发出轻轻抽泣。

　　我还没思忖好开场白怎么说，璇璇小朋友来了，刚想上前去和她打招呼，可是看到她红肿的双眼，我欲言又止。在我们目光相遇的那一刻，她狠狠瞪了我一眼后立刻低下头，从我身边挤进了教室，边走边说："我最讨厌你！"听了这话，我心里好难受，看着孩子们埋怨的眼神，我感觉自己像是掠夺了别人的最爱。经过短暂的思考，我抬头对小朋友们说："大一班的小朋友你们好，我是朱老师，从今天开始我会和大一班的小朋友们一起走过一年的时光，我知道你们很喜欢白老师，虽然她走了，但她的心里会记着你们每一个人，在今后的日子里我会像白老师一样喜欢你们。"孩子们听了我的话，眼中充满茫然。

　　玩了一上午的游戏，孩子们的脸上渐渐绽放出了笑容，有些小朋友到我跟前说："其实朱老师也挺好的嘛。"整个上午我不停地用余光望着璇璇，她坐在椅子上不说也不笑，每一次目光相遇，她总会狠狠地瞪我一眼，然后把脸扭向别处不再看我。那种排斥让我的心里酸酸的……

　　第一天的思考：晚上我躺在床上辗转反侧，整理一天的思绪，第一次感觉一天好漫长。我不敢注视那双眼睛，那眼神中分明是排斥和愤懑，她不愿和我交流，拒绝与我沟通。我多次尝试去接近那颗心，但却都是徒劳。她的感情那么脆弱，幼小的心灵里充满着对白老师的无限眷恋。我决定感动她、关爱她，走进她那冰冷的心，哪怕只是一个小小的角落……

我的爱对你说——走进班级第二天

　　今天早上来园，我一看到璇璇就赶紧跟她打招呼："早上好，璇璇！"她又是瞪了我一眼挤进了教室。旁边的小朋友看了看对她说："不问老师早上好，没有礼貌。"没想到璇璇对着那个小朋友说："不说怎么了？我不能背叛白老师！"

　　集体活动时，我不时地用余光关注璇璇，发现她也被我的游戏吸引着，但似乎不愿意表露出来，只要我们目光相对她就立刻低下头。分组游戏时小朋友都争先恐后，我第一个就叫璇璇，她想站起来又有些犹豫，经过几秒钟的思考她慢慢地走了过来。璇璇的算术基础很扎实，每一道题都能答对，我很高兴，和全班小朋友为她鼓掌表示祝贺和奖励。两天来，第一个灿烂的微笑从她脸上绽放出来，我能感觉到她从内心感到了高兴和自豪。

　　活动愉快地结束了，好几个孩子围过来拉拉我的手，轻轻地抱抱我。我看得出，璇璇也想围过来，但走了一半我一抬头她又返回去了，似乎就在那一刻"背叛"二字像针一样扎了她一下，想走过来又犹豫。见她这么"为难"，我就主动走过去对她说："璇璇，咱俩交朋友吧。"她眨眨大眼睛对我说："让我想想，我和你交朋友了，白老师怎么办？"我说："你可以继续喜欢白老师，这并不妨碍我们交朋友啊。"她听了这话如释重负地叹了口气说："好吧！"

　　第二天的思考：人与人之间相互接受应该是心灵的接纳和沟通，只要你用真心对待孩子，她也会一样对你微笑。一个关切的眼神、一个会心的微笑、一句真切的问候，都会撒播爱的种子，原来赢得他人的接纳让人愉快！

心要让你听见，爱要让你看见——走进班级第三天

今天早上，璇璇一来就跑到我跟前对我说："朱老师早上好！"听了这句问候我好高兴，这让我激动万分！集体活动中只要我有提问，璇璇就立刻举手，站起来回答时声音洪亮，这一点一滴的变化对我来说是莫大的鼓励。活动中，璇璇第一个完成我布置的任务，我对她说："你太棒了，这么快就做完了，又快又好。"没想到她说："都是你的课上得好嘛！"

第三天的思考：亲历了一个孩子排斥—被动—主动接受我的过程，我感到适应老师对一个孩子是多么的重要。爱是伟大的，最伟大的是无条件接纳的爱，当这种爱发生在教师与孩子身上时，师幼彼此之间心灵的空间就会更广阔。

分析：带班教师的核心任务是促进幼儿身心全面、健康的发展。上述案例中的朱老师抓住了幼儿情绪外露、易变、易迁移的特点，及时发现璇璇的情绪问题，积极引导，用自己的耐心和爱去感化璇璇，用自己的教育热忱和教育艺术去吸引璇璇，让璇璇喜欢上了自己。朱老师用爱、感动、耐心和热情真正做到了"以幼儿为本"。

🌐 拓展学习

保教人员应注意的一百个细节（节选）

1. 入园

① 看到家长带领幼儿来园，保教人员应该面带微笑。

② 幼儿见到保教人员的时候说"老师好"，保教人员应该回答幼儿"你好"或者"小朋友好"。

③ 幼儿见到小朋友说"小朋友好"的时候，保教人员应该给幼儿一个肯定，如"你真讲礼貌"。

2. 晨检

① 保教人员每天要检查幼儿的口袋、书包是否携带危险物品，如果冻、果核、刀子等。

② 及时点数班内幼儿人数，做好晨午检记录。

③ 幼儿给糖果吃的时候，保教人员应该双手接着，真诚地说"谢谢你"，必要时应该归还幼儿。

3. 辅助教育活动

① 与幼儿说话时，保教人员应该蹲下来面对幼儿，微笑交流。

② 当幼儿遇到难题找保教人员询问时，不管有多忙都应该停下手里的工作，给幼儿一个满意的答复。

③ 保教人员如果要借别人的东西，要说："请借给我用一用，好吗？"

④ 如果幼儿帮助了保教人员，保教人员要及时说"谢谢"，不小心碰到幼儿要说"对不起"等文明用语。

⑤ 保教人员要严格遵守上课制度，不接听手机，不发送短信。

4. 就餐

① 分饭时保教人员不要将勺子从幼儿的头顶传来传去。

② 保教人员不能用筷子或勺子指点幼儿。

③ 保教人员饭前要洗手，然后教育幼儿卷起袖子，以免弄湿，洗手心、手背、手指等。

④ 饭前饭后要清点幼儿人数，避免走丢。

5. 午休

① 午睡时组织幼儿有次序地脱下鞋袜、衣服，袜子放到鞋子里，然后将鞋子整齐摆放在床底下。

② 教育幼儿将脱下的衣服叠好后放到枕头的左侧，安静入睡。

③ 引导幼儿睡觉时不要将被子盖在头上，保持呼吸流畅。

6. 自由活动

① 当发现幼儿说谎话的时候，保教人员不要面向全体小朋友批评指责，要悄悄地给予指正，保护幼儿的自尊。

② 进活动室、办公室或别人的房间前先轻轻地敲门，别人说"请进"后再进入。

7. 离园

① 经常与家长交流，及时将幼儿的在园情况反馈给家长。

② 离园时教育幼儿跟保教人员说"老师再见"。

③ 如果家长接幼儿时来晚了，要体谅家长的苦衷，不要给家长脸色看。

④ 如果幼儿在园和其他小朋友发生冲突，保教人员应该利用家长接幼儿的时间，告诉家长幼儿的在园表现。

⑤ 不能当着家长的面指责或辱骂其他幼儿。

8. 其他

① 要勤劳勇敢，尊敬上级领导，和其他保教人员团结相处。

② 经常看天气预报和新闻，了解世界新闻。

③ 保教人员要时刻教育幼儿爱护图书及学习用品，发新书时要引导幼儿在家长的帮助下包好书皮。

④ 正人先正己，保教人员的读书、写字姿势要正确，然后教给幼儿正确的读书姿势：

眼睛与书本的距离要保持一尺距离，身体和桌子之间保持一个拳头的距离。

保教人员都是爱孩子的，都是心怀善意地在做一些事情，但是爱和善的名义同样需要爱的举措、善的策略。如果我们善于在日常生活的每个细节中培育和呵护孩子们的感情，就会发现，最伟大的爱其实往往产生在最平凡之处，最深沉的感动往往蕴藏在每一个平淡的教育细节中。一个温暖的眼神就足以传递爱的信息，一个不经意的动作或许可以扶起孩子的自尊，一句充满爱心的话语也可能影响孩子的一生。

? 知识巩固与练习（简答题）

1. 幼儿入园时一名保教人员要做到几点？
2. 作为保教人员，幼儿进餐环节要注意几个方面？
3. 幼儿离园时一名保教人员要做到几点？
4. 作为保教人员，如何辅助主班老师进行教育活动？
5. 作为保教人员，自由活动中要引导幼儿怎么做？

小组研究与讨论

观看视频《向上的力量》，谈谈你的观后感受。

参考答案 4-4

学习质量评价

表 4-5　观后感评分表

序号	评分标准	标准分值	实际得分
1	清楚、完好、精练地归纳出视频的主要内容	20 分	
2	观后感构造清楚，观与感的联合点明确	25 分	
3	围绕观与感的联合点详细、真切地表达自己的感受	30 分	
4	语言表达通顺、有条理	15 分	
5	标点符号使用准确	10 分	
	总分	100 分	

学习主题五　保教人员职业生涯规划

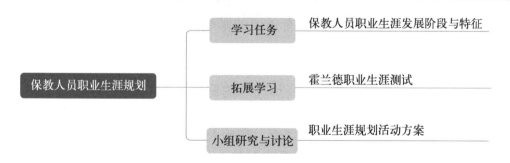

学习目标

认知目标：了解职业生涯规划以及中职生职业生涯规划的特点，了解职业、职业生涯、职业理想的内涵，理解职业理想对人生发展的作用，理解职业生涯规划对实现职业理想的重要性。

能力与实践目标：区分中职生职业生涯规划与其他人群职业生涯规划的不同，培养自信、自强的心态。

情感与价值目标：初步形成正确的职业理想，基本形成正确的职业价值取向，形成关注自己的职业生涯规划及未来职业发展的态度。

学习准备

物料准备：笔记本、笔。

资料准备：书籍《困境与出路：幼儿园保教人员职业倦怠状况研究与职业生涯规划》（朱凯利，西北大学出版社）。

学习形式

本节课将采用小组研讨、案例、视频等形式进行学习。

学习任务 保教人员职业生涯发展阶段与特征

由于受性格特质、教育背景、环境条件和个人主观能动性的影响，保教人员的职业生涯发展阶段不尽一致，但对大多数保教人员来说，其职业生涯发展具有一定的规律和共同的特征。保教人员职业生涯发展的过程既是不断提升职业能力、不断适应工作的过程，也是不断使自身与社会角色和规范相统一的过程。一般而言，保教人员的职业生涯发展经历了三个发展阶段，分别是职前预备阶段、入职适应阶段、稳定提升阶段。每个阶段都具有一定的规律和基本特征。

1. 职前预备阶段

这一阶段通常是指保教人员在入职幼儿园工作之前的准备阶段，是正在接受高等院校相关专业培养的阶段。这一阶段，准保教人员刚刚经历了高考的历练和洗礼，对未来的大学生活和职业生涯充满了憧憬和期待，在不断的学习和实践中丰富自己的专业知识，提升职业能力。职前预备阶段是保教人员专业发展的基础和前提，对保教人员的职业生涯具有重要的影响。这一阶段的保教人员具有以下特点。

（1）富有理想，充满热情

本阶段属于预备教师阶段，在经历高考的磨砺、选专业的踌躇、录取的兴奋、入学的茫然后，开始憧憬今后的大学生活。笔者在从事高职教育的十余年里，每年都对学前教育专业的新生进行抽样调查。在问及"为什么选择学前教育专业"时，有近50%的受访者的理由是从小就喜欢保教人员这个职业、喜欢孩子，或者家中有亲戚朋友正在从事教师职业，认为这一职业受人尊重，今后也想成为深受学生爱戴的优秀教师。也有部分学生在回忆自己的中小学乃至幼儿园时期的教师时，能对自己难忘的教师作出生动的描述。不难看出，这些教师在学生心中留下的印象无疑对其成长有着重要作用，甚至决定了他们对教师职业的选择。从某种程度上来讲，预备教师在真正成为教师之前的自我认知、教育背景、生活经历等对未来的职业生涯有着至关重要的作用。作为预备教师，这一阶段他们对未来的职业充满了热情和期待，逐渐开始规划自己的学业，明晰职业发展方向，并全身心地投入学习之中。

（2）立志从教，勇于实践

从访谈中可以看出，受榜样影响而选择保教人员职业的人更具有职业发展的内在驱动力。大部分人对教师职业的最初认知往往来源于自己在幼儿园、中小学乃至大学期间所经历的优秀教师形象，这便为今后的自我职业建构提供了原型。职前预备阶段的教师表现出职业信念坚定、目标明确、积极进取、行动力强、乐于接受新鲜事物等特点，尤其是在实践教学和教育实习环节更显示出极大的兴趣和热情，这是对其影响较为深远的。一般而言，职前预备阶段的实践教学包括课程的实践、专项综合实践、教育见习、教育实习等环节。调查发现，学生在经历了实践环节后，从教的意愿会发生微妙的变化：入学时不想当教师的，有了从教的意向；原本就有从教意向的，经历过实践实习后，意愿更加坚定。这或许是实践教学环节为学生从事教师职业带来了愉悦的体验和感受。从某种程度上可以断定，实践教学可以让学生对教师职业有更深刻的认识和理解。

（3）积淀知识，提升能力

保教人员是一个实践性较强的职业，要求从业者既要具有良好的职业道德和专业素养，熟悉儿童的身心发展规律，掌握一定的教育理论知识，还要具有绘画、舞蹈、弹唱、手工制作、语言表达、教学设计和组织活动、与家长沟通等职业技能。因此，教育的课程体系中基本上涵盖职业素养、职业基础、职业能力等模块的课程内容，以满足他们未来从教的职业要求。

在进入院校学习之前，职前预备阶段的教师并非对保教人员职业一无所知，而是受到先前教育、家庭环境和社会文化等多种因素的影响，往往带着已有的知识经验、思想信念和理解判断来审视保教人员职业。进入大学后，通过学习和实践，在专业领域进一步深化和拓展，开阔专业视野，积淀大量的教育理论知识，具备一定的专业素质，不断提升职业能力。

2. 入职适应阶段

入职适应阶段通常指的是保教人员开始任教后的 1～2 年，也是从学生角色向职业角色转变的一个重要时期。这一阶段，初任教师实现角色的转变，开始进入"职业磨合适应期"，需要熟悉保教人员的工作流程和要求，在实践中迁移自己所具备的知识和能力，并不断探索新知识，在知识、信念、态度和行为上作出适应性调整，尽快消除对保教人员职业的不适应，走出自己的"舒适圈"。这一阶段，保教人员的侧重点就是适应、调整、突破，适应磨合的时间长短取决于保教人员个体的差异，有的保教人员半年内就能够适应，有的则需要 1～2 年，甚至更久的时间。这一阶段的保教人员具有以下的表现特征。

（1）浪漫理想与复杂现实的冲突

保教人员入职的初期是其职业生涯发展的起点，也是转折点。这一阶段的典型特点就是矛盾与冲突，表现为保教人员在职前预备阶段形成的理想、观念和习惯与错综复杂的现实之间的矛盾冲突。

保教人员初入职时抱有各种浪漫的理想和乐观的态度，对工作充满期待与好奇，相信自己拥有科学的教育观、扎实的专业知识、娴熟的职业技能，然而在复杂多变的教育实践情境中，往往显得手足无措，甚至无助与无奈。有些初入职的保教人员刚进入工作岗位时，信心满满、雄心勃勃，可当面对幼儿园里千差万别的幼儿、繁复冗杂的保教工作、不同诉求的家长群体、复杂多变的人际关系时，逐渐体会到保教人员职业的艰难，在连续的失误和挫折面前开始质疑自己的能力，甚至怀疑自己当初的职业选择。在这样的矛盾冲突中，初入职的保教人员应该不断审视和修正自己原有的理想信念，向同行和专家学习，获得新的知识，积累经验，提升自己的实践操作能力。

（2）理论知识与工作实践的脱节

保教人员入职初期，普遍会发现自己在职前预备阶段储备的知识和获得的能力与进入真正的工作岗位后的工作内容无法建立直接的关联。换言之，当他们运用已有的知识和能力解决和处理实际问题时，实践策略缺乏针对性和灵活性，会出现理论与实践脱节的现象。笔者在对初入职的保教人员进行调查访谈时发现，在最初的1～2年里，保教人员经常遇到的问题依次是：对幼儿园的教育内容把握不准确，设计和组织的教育活动幼儿不喜欢；保育工作的任务太过繁重，无暇顾及改进教育教学；对不同年龄段幼儿的身心发展特点的认识停留在书本上，无法准确判断幼儿的兴趣需求；驾驭课堂的能力不足，不能灵活处理课堂上的突发事件；教学语言不流畅，容易紧张；对家长工作无从入手，很难得到家长的认可和支持；难以处理与同事、领导之间的人际关系。这些问题在一定程度上影响了初入职的保教人员的工作热情，也会影响他们对所从事的幼儿教育事业的客观评价。

在这一阶段，初入职的保教人员由于缺乏教学经验和智慧，应对策略缺乏针对性和灵活性，但仍然要面对实际问题和上级的督导检查，导致许多保教人员压力倍增，感到焦虑和紧张，甚至有离职的想法。因此，在这一阶段，初入职的保教人员要坚定信念，不断调整和适应，随着经验的积累和智慧的增长，这种窘境会很快过去。

（3）单纯学生身份向多重社会角色的转变

对初入职的保教人员而言，当踏入工作岗位的那一刻起，角色就发生了变化，他们的身份，逐渐由学生向教师转换，其社会性角色也逐渐呈现出多元化的特点，为人子女、为人师长、为人下属、为人亲朋，甚至为人父母等。在角色转变的过程中，初入职的保教人员会遇到许多"重要的他人"，包括幼儿、同事、领导、专家以及新的朋友，这些人都会影响他们的角色承担和社会化程度。

初入职的保教人员在承担这些角色的过程中会遇到各种问题和困难，如果处理得当，他们的社会化程度就会不断地提升，从而对其职业发展有一定的促进作用；如果处理不当，则会陷入多重角色转换的交错困难，导致心力交瘁、职业倦怠，影响其专业判断和职业发展。因此，这一时期的保教人员要在与他人的互动中，准确感知他人对自己角色的期待，再经由个人的判断和调整，扮演不同的专业角色，使社会的期待与个人的社会化协调统一。

3. 稳定提升阶段

保教人员在顺利度过入职适应期后，如果能继续坚持留在幼儿园工作，他们将逐渐进入专业成长的稳定提升阶段。这一阶段大概是入职后的 3～5 年。这一时期，随着年龄和阅历的增长，保教人员将在职业信念和专业成长等方面得到稳步的提升和发展。

（1）职业信念逐渐确立

经过在保教工作实践中的历练，保教人员逐渐认识到幼儿教育事业的价值和意义，在工作的实践中体验到职业带来的快乐。他们或者从一节成功的教学示范课中获得成就感，或者从幼儿的健康成长中获得满足感，或者从家长的认可和支持中感到欣慰。随着教育教学经验的积累和职业带来的愉悦感受，保教人员逐渐确立了职业信念，笃定地将更多的时间和精力投入教育教学工作中去。一般来说，在这一阶段，绝大多数保教人员职业信念坚定，社会责任感强，工作富有热情，关爱幼儿，追求进步，动力十足，对幼儿教育工作抱有信心和期待。同样，也在这一阶段，保教人员的思想观念、价值取向和社会行为逐步稳定，角色特征和教学风格日趋成熟，逐渐形成自己的职业理念和信念。

（2）保教能力日趋提升

随着在实践中教育经验的积累，保教人员在幼儿园保育和教育工作中知识和智慧逐渐丰富，从最初的模仿学习开始向探索创新阶段发展。在保育工作中，他们开始尝试组织适合不同年龄阶段幼儿的生活活动，探寻应对各种幼儿突发事件的方法和技巧，从疲于应付工作转变为关注幼儿身心发展。在教育教学工作中，他们逐渐掌握了不同年龄段幼儿的身心发展特点，能够结合实际设计和组织富有新意的教育教学活动，将更多的教学方法应用于课堂之中，乐意接受新鲜事物，并尝试着在自己的课堂上实现。这一阶段，保教人员从应对幼儿园的保教工作开始走向寻求更多的方式和方法，获得更多的技能来满足幼儿的需求。在这个过程中，保教人员的保教能力和教育智慧在不断地丰富和完善，逐渐呈现出独有的特点。

（3）角色定位逐渐清晰

在这一阶段，很多保教人员的职业发展逐渐摆脱了对于他人的依赖，开始形成自己的教育教学特点和处事风格，显示出独特的创新意识和自主精神，能够承担更为复杂的工作和角色，有的保教人员已然成为幼儿园的骨干教师、班主任甚至教学管理者。

保教人员在经历过入职适应阶段以后，角色定位逐渐清晰。作为幼儿园的骨干教师，更专注把握全班幼儿的身心发展特点和个体差异，基于幼儿的发展需求和教学内容的要求，探索更有效的教学方法和途径，创新教育教学，激发幼儿的学习积极性，更好地提升教育效果。作为班主任，整体把握和统筹班级的工作，协调安排班级人员的分工，在完成基本保教工作的同时，更关注班级成员的协作、家长工作、班级的管理等，具有较强的责任感和集体荣誉感。作为教学管理者，开始不断地加强学习，提升自己的创新能力、管理能力、沟通能力等，从具体的教育教学的践行者成为帮助新教师成长的"重要他人"。

中国台湾著名漫画家蔡志忠先生说："大多数人在生活的跑道上都盲目地跟着别人跑。我觉得，要紧的是先停下来，退到跑道边，先反省自己，弄清楚'我是谁？我能做什么？我怎么去做？'然后按照自己的方式去跑。"所谓自我定位，说得通俗些，就是发现自己，认清自己在社会中所处的位置。准确的自我定位可以使人从盲目中解脱出来，这是做好职业生涯规划的前提。保教人员要准确地了解自己，对自己的兴趣方向、专业能力、职业倾向有准确的判断，只有这样才能为制订和设计职业生涯规划提供依据。与此同时，对规划的实践和执行才是职业发展的保证。只有设计没有执行的规划只是一幅美好的愿景，只有付诸行动，规划才能成为指导行动的蓝图。

拓展学习

霍兰德职业生涯测试。

知识巩固与练习（填空题）

1. 保教人员的职业生涯发展经历了三个发展阶段，分别是（　　　）、（　　　）、（　　　），每个阶段都具有一定的规律和基本特征。

2. （　　　）是指保教人员在入职幼儿园工作之前的准备阶段，是正在接受高等院校相关专业培养的阶段。

3. 保教人员入职的初期是其职业生涯发展的起点，也是转折点，这一阶段的典型特点就是（　　　）。

4. （　　　）可以让学生对教师职业有更深刻的认识和理解。

5. 稳定提升阶段的特征为（　　　）。

小组研究与讨论

小组活动之职业生涯规划活动方案

活动主题：规划理想职业，成就精彩人生

活动目的：通过职业生涯规划设计大赛的活动形式，传播和普及职业规划理念，帮助大学生学习与掌握职业规划的基本方法，树立正确的成才观和就业观，明确自我职业发展目标，以成就美好的未来；并以科学的态度有计划地进行学习和提高综合素质；明确目标，并朝着目标不断努力，最终实现自己的目标。

作品要求：作品以学生本人的职业规划为主题，以学习期间和毕业三年内的职业生涯规划为重点，对自我和外部环境进行全面分析，提出自己的职业目标、发展路径和行动计划。可自行选择就业或创业。作品应涵盖自我认知、职业认知、职业目标与路径设计、规划与实施计划、评估与备选方案等内容，适当运用人才测评等分析方法及丰富的事实论据，对职业规划过程作详尽阐述。

表 4-6　职业生涯规划评价表

设计维度	项目	评分标准（每题最高分 5 分，从 1～5 分自我评价）	自我评分
内部环境分析（60%）	自我认知	1. 清楚、全面、深入、客观，分析自己特质、特点与未来岗位的适应性	
		2. 自我分析时充分运用各种测评工具评估，更为客观地得出自己的职业兴趣、个性特点、职业能力和职业价值观等（图 4-2）	
		3. 在个人兴趣、成长经历、社会实践、他人评价四个角度进行剖析自我	
	职业认知	4. 对于学前教育领域未来就业趋向与就业综合情况有一定的信息收集	
		5. 对目标职业的行业现状、远景及就业需求有较为清晰的认知	
		6. 对于幼师职业的待遇和将来发展趋向基本清晰	
		7. 清楚了解目标职业的入门要求、胜任标准以及未来对生活的影响（图 4-3）	
		8. 在职业分析过程中应用了文件检索、访谈、见习、实习等方法	
	职业规划	9. 有相对清晰的未来 3～5 年的目标，为此制订了具体的行动计划（图 4-4）	
		10. 行动计划详细清楚、可操作性强，中期计划清楚、拥有灵巧性，长久计划拥有强导向性	
		11. 规划充分评估了行动计划实行过程中不确定性的风险规避，拟订确实可行的调整方案	
		12. 职业规划依照个人与环境评估剖析确立，并考虑首选目标与备选目标间的联系和差异，拥有可操作性	
外部环境分析（40%）	家庭影响	1. 家庭影响：家庭里对你影响最大的那个人，是否支持和认同你的规划	
		2. 家庭关系：家庭里的其他成员是否有在学前领域工作的人	
		3. 家庭期望：你的家里人对于你未来职业发展是否有具体的期待	
	职业环境	4. 就业分析：对往届不少于 3 年毕业生的就业率与就业环境数据的掌握	
		5. 升学分析：对往届不少于 3 年毕业生的继续升学的数据掌握	
		6. 就业能力：对于学前领域岗位新能力与新要求的信息收集与分析	
		7. 发展趋势：对于学前领域未来多元岗位需求的信息收集与分析	
	目标	8. 未来 3 年的一个清晰的目标企业，请写下这个企业或园所名称，并说明为什么	

图 4-2　职业生涯规划中考虑的因素

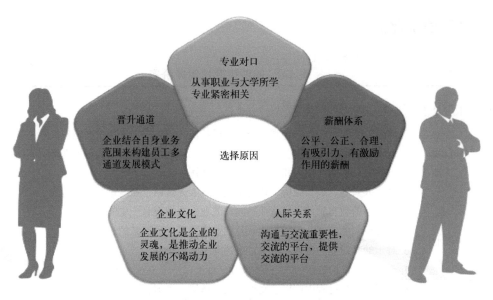

图 4-3　选择原因

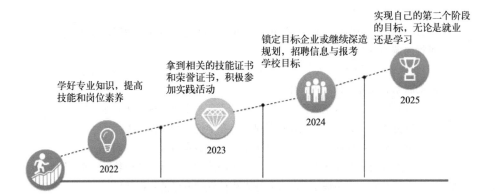

图 4-4　短中期的职业规划小目标

参考答案 4-5

第五单元 训——职业中的操作性工具

学习主题一 认识自己——工具量表

一、一般自我效能感量表

自我效能感是指个体对自己面对环境中的挑战能否采取适应性的行为的知觉或信念。一个相信自己能处理好各种事情的人，在生活中会更积极、更主动。这种"能做什么"的认知反映了一种个体对环境的控制感。因此自我效能感是以自信的理论看待个体处理生活中各种压力的能力。一般自我效能感量表（General Self-Efficacy Scale，GSES）由德国柏林自由大学的著名临床和健康心理学家拉尔夫·施瓦泽（Ralf Schwarzer）教授编制。请仔细阅读下面的一些描述，每个描述后有四个选项，请根据真实情况，在最符合您情况的一项上打√。

	完全不正确	尚算正确	多数正确	完全正确
① 如果我尽力去做的话，我总是能够解决问题的。	☐	☐	☐	☐
② 即使别人反对我，我仍有办法取得我所要的。	☐	☐	☐	☐
③ 对我来说，坚持理想和达成目标是轻而易举的。	☐	☐	☐	☐
④ 我自信能有效地应对任何突如其来的事情。	☐	☐	☐	☐
⑤ 以我的才智，我定能应对意料之外的情况。	☐	☐	☐	☐
⑥ 如果我付出必要的努力，我一定能解决大多数的难题。	☐	☐	☐	☐
⑦ 我能冷静地面对困难，因为我信赖自己处理问题的能力。	☐	☐	☐	☐
⑧ 面对一个难题时，我通常能找到几个解决方法。	☐	☐	☐	☐
⑨ 有麻烦的时候，我通常能想到一些应对的方法。	☐	☐	☐	☐
⑩ 无论什么事在我身上发生，我都能够应对自如。	☐	☐	☐	☐

记分方法："完全不正确"记1分，"尚算正确"记2分，"多数正确"记3分，"完全正确"记4分。

1～10分：你的自信心很低，甚至有点自卑，建议经常鼓励自己，相信自己是行的，正确地对待自己的优点和缺点，学会欣赏自己。

11～20分：你的自信心偏低，有时候会感到信心不足，找出自己的优点，承认它们，欣赏自己。

21～30分：你的自信心较高。

31～40分：你的自信心非常高，但要注意正确看待自己的缺点。

二、行为风格自我测试

该测试是用来了解你在日常生活中通常如何与别人相互交往、相互影响的。它的目的是帮助你准确地了解自己的风格。

对每一组的描述，你需要在两个选择（A和B）中比较它们之间的程度。然后按照下面的打分说明给每一项描述打分。

请注意：你的答案是基于你平时真正的行为表现，而不是基于你认为你应该有的表现，所以根据生活中的真实情况来打分。

打分说明：

① 如果A项描述是你非常典型的特征，B项描述完全不是你的典型特征，请在A旁边的横线上填写3，在B旁边的横线上填写0；

② 如果相对而言，A项描述比B项描述更符合你的特征，请在A旁边的横线上填写2，在B旁边的横线上填写1；

③ 如果相对而言，B项描述比A项描述更符合你的特征，请在B旁边的横线上填写2，在A旁边的横线上填写1；

④ 如果B项描述是你非常典型的特征，A项描述完全不是你的典型特征，请在B旁边的横线上填写3，在A旁边的横线上填写0。

1A＿＿＿我通常都是坦诚地去了解别人，和他们建立关系。

1B＿＿＿我通常不是坦诚地去了解别人，和他们建立关系。

2A＿＿＿我的反应通常很缓慢，需要考虑一下才作出反应。

2B＿＿＿我的反应通常很快速，我能自发地作出反应。

3A＿＿＿我通常不愿意别人占用我的时间。

3B＿＿＿我常愿意别人占用我的时间。

4A＿＿＿我常在社会场合主动介绍自己。

4B＿＿＿我通常在社交场合等待别人来介绍他们自己。

5A＿＿＿我通常将我的谈话集中在大家感兴趣的内容上，即使这意味着谈话偏离了我手头的生意或主题。

5B＿＿＿我通常将我的谈话内容集中在手头的工作任务、问题、生意上。

6A＿＿＿我通常不是马上下结论，我对他人缓慢的步调非常耐心。

6B＿＿＿我通常很果断，对缓慢的步调没有耐心。

7A＿＿＿我通常在依靠事实或证据的基础上做决策。

7B____我通常依靠感情、经验和关系来做决策。

8A____我通常将时间和精力放在团体交流上。

8B____我通常不把时间和精力放在团体交流上。

9A____我通常喜欢和别人一起工作，可能的情况下提供支持。

9B____我通常喜欢独立工作或就别人如何介入规定条件。

10A____我通常试探性地或间接地提问或谈话。

10B____我通常直接地表达意见。

11A____我通常主要关注想法、概念或结果。

11B____我通常主要关注人、相互关系和感情。

12A____我通常使用手势、面部表情或语调来强调重点。

12B____我通常不使用手势、面部表情和语调来强调重点。

13A____我通常能接受别人的观点（想法、感情和关心）。

13B____我通常不能接受别人的观点（想法、感情和关心）。

14A____我通常以小心翼翼的或预测性的眼光看待冒险和改变。

14B____我通常以动态的或不可预测性的眼光看待冒险和改变。

15A____我通常喜欢隐藏个人情感和思想，只有在愿意的情况下才会和别人分享。

15B____我和别人一起分享或讨论自己的感情是很自然和容易的事情。

16A____我通常寻找出一种新的或不同的经验和状况。

16B____我通常选择自己知道的或相似的状况和关系。

17A____我通常对别人的事务、利益和关注点作出反应。

17B____我通常只关心自己的事务、利益和关注点。

18A____我通常缓慢地、间接地对冲突作出反应。

18B____我通常迅速地、直接地对冲突作出反应。

在所有项目测试完成后，请对照下面的表 5-1，将表格中每一项转换成分数，最后统计每一列的总分。请注意，有时候"A"答案先出现，有时候"B"答案先出现，请仔细核对。

表 5-1 分数统计表格

O（开放的）	S（自足的）	D（直接的）	I（间接的）
1A	1B	2B	2A
3B	3A	4A	4B
5A	5B	6B	6A
7B	7A	8A	8B
9A	9B	10B	10A
11B	11A	12A	12B
13A	13B	14B	14A
15B	15A	16A	16B
17A	17B	18B	18A
总计：____	总计：____	总计：____	总计：____

比较 O 和 S 得分数，哪一个更高？将分数高的填写在下面的横线上，并且圈出相应的字母 O（开放的）____；S（自足的）____。

比较 D 和 I 得分数，哪一个更高？将分数高的填写在下面的横线上，并且圈出相应的字母 D（直接的）____；I（间接的）____。

得出你的风格特征：

O+D= 社会型；O+I= 关系型；S+D= 指导型；S+I= 思考型。

三、霍兰德职业倾向测试量表

人格即个性，它与职业有着密切的关系，不同职业对从业者的人格特征的要求是有差距的，如果通过科学的测试，预知自己的人格特征，这有助于选择适合个人发展的职业。《职业倾向测试量表》可以帮助你做一次简单的人格自评，从而了解自己的人格特征更适合从事哪方面的工作。请根据对每一题目的第一印象作答，不必仔细推敲，答案没有好坏、对错之分。具体填写方法是，根据自己的情况回答"是"或"否"。

① 我喜欢把一件事情做完后再做另一件事。

② 在工作中我喜欢独自筹划，不愿受别人干涉。

③ 在集体讨论中，我往往保持沉默。

④ 我喜欢做戏剧、音乐、歌舞、新闻采访等方面的工作。

⑤ 每次写信我都一挥而就，不再重复。

⑥ 我经常不停地思考某一问题，直到想出正确的答案。

⑦ 对别人借我的和我借别人的东西，我都能记得很清楚。

⑧ 我喜欢抽象思维的工作，不喜欢动手的工作。

⑨ 我喜欢成为人们注意的焦点。

⑩ 我喜欢不时地夸耀一下自己取得的好成就。

⑪ 我曾经渴望有机会去探险。

⑫ 当我一个人独处时，会感到更愉快。

⑬ 我喜欢在做事情前对此事情做出细致的安排。

⑭ 我讨厌修理自行车、电器一类的工作。

⑮ 我喜欢参加各种各样的聚会。

⑯ 我愿意从事虽然工资少但是比较稳定的职业。

⑰ 音乐能使我陶醉。

⑱ 我办事很少思前想后。

⑲ 我喜欢经常请示上级。

⑳ 我喜欢需要运用智力的游戏。

㉑ 我很难做那种需要持续集中注意力的工作。

㉒ 我喜欢亲自动手制作一些东西，从中得到乐趣。

㉓ 我的动手能力很差。

㉔ 和不熟悉的人交谈对我来说毫不困难。

㉕ 和别人谈判时，我总是很容易放弃自己的观点。

㉖ 我很容易结识同性别朋友。
㉗ 对于社会问题，我通常持中庸的态度。
㉘ 当我开始做一件事情后，即使碰到再多的困难，我也要执着地干下去。
㉙ 我是一个沉静而不易动感情的人。
㉚ 当我工作时，我喜欢避免干扰。
㉛ 我的理想是当一名科学家。
㉜ 与言情小说相比，我更喜欢推理小说。
㉝ 有些人太霸道，有时明明知道他们是对的，也要和他们对着干。
㉞ 我爱幻想。
㉟ 我总是主动地向别人提出自己的建议。
㊱ 我喜欢使用榔头一类的工具。
㊲ 我乐于解除别人的痛苦。
㊳ 我更喜欢自己下了赌注的比赛或游戏。
㊴ 我喜欢按部就班地完成要做的工作。
㊵ 我希望能经常换不同的工作来做。
㊶ 我总留有充裕的时间去赴约会。
㊷ 我喜欢阅读自然科学方面的书籍和杂志。
㊸ 如果掌握一门手艺并能以此为生，我会感到非常满意。
㊹ 我曾渴望当一名汽车司机。
㊺ 听别人谈“家中被盗”一类的事，很难引起我的同情。
㊻ 如果待遇相同，我宁愿当商品推销员，而不愿当图书管理员。
㊼ 我讨厌跟各类机械打交道。
㊽ 我小时候经常把玩具拆开，把里面看个究竟，
㊾ 当接受新任务后，我喜欢以自己的独特方法去完成它。
㊿ 我有文艺方面的天赋。
(51) 我喜欢把一切安排得整整齐齐、井井有条。
(52) 我喜欢做一名教师。
(53) 和一群人在一起的时候，我总想不出恰当的话来说。
(54) 看情感影片时，我常禁不住眼圈红润。
(55) 我讨厌学数学。
(56) 在实验室里独自做实验会令我寂寞难耐。
(57) 对于急躁、爱发脾气的人，我仍能以礼相待。
(58) 遇到难解答的问题时，我常常放弃。
(59) 大家公认我是一名勤劳踏实的、愿意为大家服务的人。
(60) 我喜欢在人事部门工作。

评分：符合以下“是”或“否”答案的记 1 分，不符合的记 0 分。

常规型 C 得分：______

题号为 7、19、29、39、41、51、57 答“是”的得 1 分；题号 5、18、40 答“否”的得 1 分，不符合的此题不得分。

现实型 R 得分：_____

题号为 2、13、22、36、43 答"是"的得 1 分；题号 14、23、44、47、48 答"否"的得 1 分，不符合的此题不得分。

研究型 I 得分：_____

题号为 6、8、20、30、31、42 答"是"的得 1 分；题号 21、55、56、58 答"否"的得 1 分，不符合的此题不得分。

管理型 E 得分：_____

题号为 11、24、28、35、38、46、60 答"是"的得 1 分；题号 3、16、25 答"否"的得 1 分，不符合的此题不得分。

社会型 S 得分：_____

题号为 26、37、52、59 答"是"的得 1 分；题号 1、12、15、27、45、53 答"否"的得 1 分，不符合的此题不得分。

艺术型 A 得分：_____

题号为 4、9、10、17、33、34、49、50、54 答"是"的得 1 分；题号 32 答"否"的得 1 分，不符合的此题不得分。

《职业倾向测试量表》就是以霍兰德职业兴趣理论（Holland Vocational Interest Theory）为基础，同时在题目内容设计、常模选取方面结合了当代中国大学生的实际情况而开发的专业测评工具。本测试可以帮助测评者相对精确了解自身的个体特点和职业特点之间的匹配关系，同时为测评者在进行专业选择和职业选择时，提供客观的参考依据。霍兰德的职业兴趣理论，其核心假设是人可以分为六大类，即现实型、研究型、社会型、传统型、企业型、艺术型，职业环境也可以分成相应的同样名称的六大类，人格与职业环境的匹配是形成职业满意度、成就感的基础。各个兴趣类型的特点及较为适宜的职业环境如表 5-2 所示。

表 5-2　劳动者类型与职业类型对应表

类型	劳动者	职业
现实型 R（实际型）	①愿意使用工具从事操作性工作；②动手能力强，做事手脚灵活，动作协调；③不善言辞，不善交际	主要是指各类工程技术工作、农业工作，通常需要一定体力，需要运用工具或操作机器
		主要职业：工程师、技术员；机械操作、维修、安装工人，矿工、木工、电工、鞋匠等；司机、测绘员、描图员；农民、牧民、渔民等
研究型 I（探索型）	①抽象思维能力强，求知欲强，肯动脑，善思考，不愿动手；②喜欢独立的和富有创造性的工作；③知识渊博，有学识才能，不善于领导他人	主要是指科学研究和科学实验工作
		主要职业：自然科学和社会科学方面研究人员、专家；化学、冶金、电子、无线电、电视、飞机等方面的工程师、技术人员；飞机驾驶员、计算机操作员等
艺术型 A	①喜欢以各种艺术形式的创作来表现自己的才能，实现自身的价值；②具有特殊艺术才能和个性；	主要是指各类艺术创作工作
		主要职业：音乐、舞蹈、戏剧等方面的演员、艺术家编导、教师；文学、艺术方面的评论员；广播节目

类型	劳动者	职业
艺术型 A	③乐于创造新颖的、与众不同的艺术成果，渴望表现自己的个性	的主持人、编辑、作者；绘画、书法、摄影家；艺术、家具、珠宝、房屋装饰等行业的设计师等
社会型 S	①喜欢从事为他人服务和教育他人的工作； ②喜欢参与解决人们共同关心的社会问题，渴望发挥自己的社会作用； ③比较看重社会义务和社会道德	主要是指各种直接为他人服务的工作，如医疗服务、教育服务、生活服务等
		主要职业：教师、保育员、行政人员；医护人员；衣食住行服务行业的经理、管理人员和服务人员；福利人员等
企业型 E （管理型）	①精力充沛、自信、善交际，具有领导才能； ②喜欢竞争，敢冒风险； ③喜爱权力、地位和物质财富	主要是指那些组织与影响他人共同完成组织目标的工作
		主要职业：经理、企业家、政府官员、商人；行业部门和单位的领导者、管理者等
传统型 C （常规型）	①喜欢按计划办事，习惯接受他人指挥和领导，自己不谋求领导职务； ②不喜欢冒险和竞争； ③工作踏实，忠诚可靠，遵守纪律	主要是指各类与文件档案、图书资料、统计报表之类相关的各类科室工作
		主要职业：会计、出纳、统计人员；打字员；办公室人员；秘书和文书；图书管理员；旅游、外贸职员；保管员、邮递员、审计人员、人事职员等

学习主题二　认识岗位的标准与要求

一、幼儿园岗位工作基本指导思想

① 幼儿园一日生活的主体应指向幼儿，要科学、合理地安排和组织幼儿在园一日生活；

② 对幼儿的要求要充分考虑其身心发展特点和需要，坚持一贯性和灵活性相结合，培养幼儿良好的生活习惯和初步的生活自理能力；

③ 幼儿在园的一日生活是课程的不同表现形式，游戏是幼儿一日生活的主要形式；

④ 营造尊重、接纳和关爱的氛围，建立良好的同伴和师幼关系；

⑤ 重视幼儿的心理健康，幼儿情绪愉快，形成安全感和信赖感；

⑥ 关注幼儿活动的有效性，避免不必要的管理行为，尽量减少不必要的集体行动和过渡环节，减少和消除消极等待现象；

⑦ 要最大限度地保障幼儿在园的健康与安全，但也避免过度保护和包办代替，鼓励并指导幼儿自理、自立的尝试。

二、教师应知应会的工作常规细则（表 5-3）

表 5-3　教师工作常规细则

环节	教师工作内容及要求	教师工作要点
准备	①保持良好的情绪状态； ②衣着得体，仪表大方； ③提供充足的游戏条件，满足幼儿需要	①提前 15 分钟步入工作岗位，洗手、整理仪容仪表； ②结合当日教育计划，检查幼儿使用的玩具和材料，保证安全，数量和种类满足需要； ③排查班级安全隐患
入园	①以和蔼亲切的态度接纳幼儿，使幼儿感到温暖、安全，关注幼儿的情绪变化，帮助幼儿学会恰当表达和调控情绪； ②鼓励幼儿做力所能及的事情，对幼儿的尝试和努力给予肯定，不因做不好、做得慢而包办代替； ③清点幼儿出勤人数，及时与未来园幼儿家长取得联系，了解情况，做好记录； ④关注幼儿身体状况及是否携带物品，若发现身体不适和携带不安全物品，及时妥善处理	①精神饱满、亲切自然地迎接幼儿和家长，以积极、愉快的情绪影响幼儿，主动微笑和幼儿及家长打招呼、问好，适度给予幼儿身体接触（拥抱等）； ②用简洁的语言向家长了解幼儿在家情况，观察幼儿身体和情绪表现； ③做好二次晨检（一看、二摸、三问、四查），检查有无携带不安全物品和身体状况； ④观察指导幼儿有序完成自己的事情，根据天气变化和幼儿体质，指导或帮助幼儿穿、脱和整理叠放衣服、插放晨检牌（关注幼儿身体状况）
晨间活动	①创设轻松、愉悦的晨间活动氛围，有目的开展室内外活动； ②晨间谈话，采取个别或集体形式，介绍幼儿园一天的活动或了解幼儿在家庭中的情况，也可根据幼儿兴趣和情绪情感进行交流，引导幼儿表达、分享自己的情绪，帮助幼儿化解和消除不良情绪； ③引导幼儿体验一些照料动植物的方法，感知动植物的生长变化，初步懂得爱护动植物	①参与并指导幼儿的晨间游戏，提供丰富的材料支持幼儿自主活动； ②可根据幼儿兴趣和情绪，选择适宜的话题进行晨间谈话活动，耐心倾听每一个幼儿的表达，并认真观察了解幼儿情况； ③接纳幼儿不同表现，安抚个别幼儿的不良情绪，并努力使其好转； ④指导幼儿自主游戏或值日生工作； ⑤引导幼儿照顾和观察自然角，发现动植物的有趣变化
盥洗	①为幼儿创设清洁、有序、愉快的盥洗环境； ②通过多种方式引导幼儿掌握洗手、（洗脸）、擦鼻涕的正确方法，做到饭前便后主动洗手； ③鼓励幼儿自己的事情自己做，对幼儿的尝试与努力给予肯定，培养独立意识； ④培养幼儿知道洗手、洗脸前卷袖子、洗后放袖子等，创造为同伴服务的机会和条件，如帮助挽袖子、放袖子等	①在盥洗室适当位置有正确盥洗方法的图示，引导幼儿学习盥洗的方法，培养幼儿节约用水的好习惯； ②提示幼儿洗手前卷好袖子，帮助有困难的幼儿卷好袖子，整理袖口； ③发现问题，利用讲解、演示、鼓励等正面方式进行相应引导； ④秋冬季指导幼儿洗手后擦手油的正确方法； ⑤教师根据大部分幼儿所处位置，及时更换自己指导、护理幼儿的站位

环节	教师工作内容及要求	教师工作要点
如厕	①为幼儿创设卫生、整洁、温馨的如厕环境； ②观察幼儿排便情况，帮助幼儿养成定时大小便的良好生活习惯，需要时幼儿应能随时如厕； ③指导幼儿学习和掌握生活自理的基本方法； ④告诉幼儿不允许别人触摸自己的隐私部位； ⑤鼓励幼儿遇到问题主动寻求帮助	①观察、了解幼儿大小便的习惯和需要，尊重幼儿个体发展的生理差异，允许幼儿自由如厕，不限制次数和时间； ②教师注意鼓励、引导幼儿逐步学会独立如厕，指导或帮助幼儿大便后擦屁股，如厕后整理好衣裤，便后洗手，养成文明的如厕习惯； ③随时观察幼儿是否有大小便的需要，提醒幼儿及时如厕，养成不憋尿的习惯； ④注意幼儿如厕时的安全，引导幼儿相互礼让、慢走； ⑤鼓励幼儿帮助同伴或遇到问题主动寻求教师或同伴的帮助
餐前准备	①创设舒适、自主、温馨、卫生的进餐环境； ②指导值日生做事； ③鼓励幼儿自己能做的事情愿意自己做，感受自己独立做事的快乐和满足，体验自信与成功；对幼儿的行为表现多给予具体、有针对性的肯定和表扬； ④餐前组织安静游戏或谈话、分享活动，不做剧烈运动	①准备好适宜的进餐音乐，保持幼儿良好愉快的情绪，不处理幼儿行为问题； ②组织幼儿自主游戏或分享活动等安静游戏； ③引导值日生洗手后进行值日活动，如摆椅子、摆放餐具等； ④指导幼儿就餐前有序收好玩具，先搬小椅子到桌前再去如厕、洗手、取餐； ⑤教师随幼儿活动而更换自己的指导位置
饮水	①每天保证幼儿足够的饮水量，帮助幼儿养成定时饮水与根据需要不定时饮水的生活习惯； ②每天上下午安排集体喝水时间，并鼓励幼儿随渴随喝，自主按需接水，不限定幼儿喝水次数； ③创设安全饮水的环境，对幼儿进行安全教育，如不动热水壶、不去开水间、不动直饮水机控制钮等； ④教育幼儿不浪费水； ⑤剧烈运动后稍事休息再喝水，饭前、饭后半小时少饮水	①教师组织幼儿饮水时，关注幼儿用自己的水杯取水和接水量，并根据幼儿年龄特点和夏季天热等因素适当调整幼儿饮水次数和饮水量； ②指导幼儿安全、有序地接水、饮水，提示幼儿慢走、互让，避免冲撞； ③组织喝水前，关注水温的适宜性； ④鼓励幼儿口渴时按需、自主饮水； ⑤指导幼儿喝水后把杯子放回原处，杯口朝上，摆放整齐
进餐	①让幼儿保持愉快的情绪； ②尊重幼儿饮食需要和习惯，培养餐桌礼仪，帮助幼儿建立良好的饮食习惯； ③关注幼儿身体健康状况，为个别幼儿安排合理的膳食； ④合理安排餐点，帮助幼儿养成良好的进餐习惯； ⑤帮助幼儿了解食物的营养价值，引导幼儿不偏食、不挑食； ⑥进餐时，关注幼儿进食量，保证吃	①创设愉快、舒适的就餐环境，播放轻柔舒缓的音乐，积极引导幼儿愉悦安静地进餐，不处理幼儿行为问题； ②教师各站其位，确保幼儿在视线内（对角站）； ③合理创设分餐取餐条件，取餐过程自然流畅，避免幼儿消极等待； ④指导幼儿正确使用餐具及坐姿，共性问题全体说，个性问题单独说； ⑤教师（或指导幼儿）介绍食谱，激发幼儿食欲； ⑥照顾幼儿进餐，提醒幼儿细嚼慢咽，保证吃饱吃好，不催饭，指导幼儿干稀、主副食搭配进餐，鼓励幼儿按自

环节	教师工作内容及要求	教师工作要点
进餐	饱吃好，不过分催促； ⑦饭后，培养幼儿擦嘴、漱口等卫生习惯，在教师和家长帮助下学习刷牙，使用自己的毛巾、水杯； ⑧正确及时处理好突发事件	己需求自主添加饭菜； ⑦针对性照顾体弱、过敏、贫血、缺钙等幼儿，控制肥胖儿的进食量； ⑧指导幼儿餐后自我服务活动，如清洁桌面卫生、送餐具、擦嘴（洗手）、漱口（刷牙）等
午睡起床	①为幼儿提供舒适的睡眠环境，保证充足的睡眠时间，根据季节和年龄每日在 2～2.5 小时为宜； ②引导幼儿保持有规律的生活，养成良好的作息习惯，如每天坚持午睡； ③指导幼儿学习和掌握生活自理的基本方法，如穿脱衣服和鞋袜等，并摆放整齐； ④注意幼儿的体态，帮助他们形成正确的睡眠姿势； ⑤允许幼儿随时如厕	①创设安静、温馨的睡眠环境，引导幼儿愉快上床，睡前不处理问题，逐步养成午睡的习惯； ②上床前帮助幼儿摘掉身上饰物，检查口中确无食物，保证幼儿睡眠安全，提醒幼儿睡觉时要穿内衣、内裤，指导中大班幼儿（帮助小班幼儿）学习铺被子、脱外衣、鞋袜，并摆放整齐； ③入睡前可为幼儿讲述情节适宜的睡眠故事，帮助幼儿安定情绪； ④尊重幼儿个体差异，给入睡困难的幼儿以情感与身心的抚慰； ⑤悉心照顾幼儿入睡，随时观察巡视幼儿午睡情况，发现异常及时处理，特殊情况及时报告保健医，视情况程度逐级上报，不离岗、不聊天、不玩手机、不坐幼儿床、不干私活等； ⑥起床时，拉开窗帘，播放轻柔音乐，唤醒幼儿起床，向幼儿问好，认真做好午检，提示幼儿下床注意安全，有序穿衣裤、如厕（可根据气温调整顺序）等，帮助幼儿整理仪表，帮助女孩梳头（梳子专人专用）； ⑦根据季节变换，适时更换寝具； ⑧上下午班教师进行工作的交接，上午班教师书写交接班记录，记录内容包括幼儿出勤、服药、健康、家长嘱托、中途接走幼儿等内容
散步	①引导并允许幼儿自主观察、交流，接纳和积极回应幼儿发现的事物、现象和提问； ②帮助幼儿了解饭后散步能帮助人体消化食物，有利于健康； ③如到户外散步，建议提出安全要求	①组织幼儿进行安静有趣的散步活动，如猜谜语、说说有趣的事、观察室内外环境等； ②根据天气情况，安排室内或室外的活动； ③随时关注幼儿情绪变化，及时了解个别幼儿需求，给予帮助
加餐和午点	①建议播放旋律优美、节奏舒缓的音乐，营造舒适的餐点环境； ②关注幼儿身体健康状况，为个别幼儿（过敏、不适）安排适合的餐点； ③创造自主取餐、饮水环境，培养幼儿自我服务能力和基本的生活技能； ④大中班安排、指导值日生完成相应内容； ⑤为幼儿提供必要的指导和帮助； ⑥适时进行营养教育，培养幼儿爱喝奶、吃水果的好习惯	①提醒幼儿如厕、洗手，自取餐点，在座位上安静食用（如牛奶、水果、干果等）； ②教师要站在适当的位置，关注全体幼儿情况，引导幼儿安全使用吸管等，坐姿自然，并适度提供的帮助； ③加餐后，提示幼儿饮小半杯水，保护牙齿； ④引导幼儿加餐时自我服务； ⑤特别照顾患病、过敏或身体不舒服的幼儿加餐； ⑥提醒幼儿将果皮、弃物等放在指定地点； ⑦介绍餐点或午点的营养，鼓励不爱吃蔬果、喝奶的幼儿，可利用瓜果的特征，引导幼儿观察，丰富幼儿知识，引发探究的欲望和学习兴趣

环节	教师工作内容及要求	教师工作要点
集体教育活动	①有目的、有计划地引导幼儿主动活动，提供符合不同年龄特点和发展水平的操作材料； ②理解幼儿的想法和感受，关注幼儿的表现和反应，支持鼓励幼儿大胆探索与表达，对幼儿的问题给予积极应答； ③尊重幼儿个体差异，关注特殊幼儿需要，因人施教； ④注重激发幼儿学习兴趣，培养幼儿良好的行为习惯和学习习惯； ⑤帮助幼儿对活动过程及学习方法进行总结； ⑥坚持分析教育活动效果，注意反思教育观念及行为与促进幼儿发展的关系，不断改进教育活动设计与组织	①做好活动前的准备（制订计划、设定目标、确定活动形式、选择场地及材料准备等），并与保教人员沟通； ②活动中关注幼儿的学习兴趣、习惯、能力的激发与培养，最大限度支持和满足幼儿通过直接感知、实际操作和亲身体验获取经验的需要，鼓励幼儿不断思考和探究； ③面向全体幼儿，同时关注幼儿不同的兴趣及能力的差异，调整教师的教育行为和与幼儿的互动方式； ④教态亲切自然，尊重、鼓励、赏识幼儿，语言生动规范，具有启发性、开放性和引导性，对幼儿提出的问题积极回应，接受幼儿关于问题的不同答案； ⑤建立良好的常规，避免不必要的管理行为，逐步引导幼儿学习自我管理； ⑥活动结束时，进行小结与评价
户外活动	①保证户外活动时间，提高幼儿适应季节变化的能力，养成爱锻炼的习惯； ②充分利用现有的园内条件和自然环境，为幼儿安排科学合理的体育活动； ③了解幼儿的个体差异，为不同体能的幼儿设计适宜的活动； ④对幼儿进行安全教育，注重培养幼儿的自我保护能力； ⑤充分激发幼儿参加体育活动的兴趣； ⑥活动内容、活动方式、活动玩具、活动同伴等都可由幼儿自主选择、安排，幼儿可按照自己的兴趣爱好游戏，最大限度地促进儿童身体、社会性、情绪情感的积极发展	①保证幼儿全天的户外活动不少于2小时，其中体育活动时间不少于1小时； ②科学合理地安排活动内容（建议操节、集体游戏、分散活动的时间分配为1：1：2）； ③活动前准备好游戏材料，检查场地安全及运动器械安全，向幼儿讲清活动内容、要求、游戏名称、玩法及规则，介绍器械名称、玩法，对幼儿进行安全教育，增强幼儿自我保护意识； ④幼儿上下楼时，保证全部幼儿在教师视线范围内（如1名教师在全体幼儿前面，1名教师在全体幼儿后面）； ⑤教师与幼儿着装符合体育活动要求（活动前整理服装、检查鞋带），精神饱满，以积极情绪带动幼儿，带领幼儿一起做操、玩游戏等，激发幼儿运动的欲望； ⑥游戏氛围轻松，允许幼儿自主选择游戏和材料、自由结伴，教师关注幼儿自发的游戏活动，鼓励幼儿创新游戏玩法，引导幼儿友好合作游戏； ⑦控制好活动的密度和强度，动静结合，考虑个体差异，照顾好体弱儿、身体不适的幼儿，调整其活动量； ⑧确保全体幼儿在保教人员视线内； ⑨活动后做简短评价，清点幼儿人数，安全、有序回班
区域游戏	①根据幼儿的想法、意愿、年龄特点和近期教育目标创设活动区，满足幼儿的兴趣和发展需要； ②多提供一些能操作、多样化、多功能的玩具材料或废旧材料，在保证安全的前提下鼓励幼儿探索，动手自制玩具，创新玩具玩法；	游戏前： ①根据幼儿年龄特点、兴趣需要、教育目标和空间条件创设活动区； ②为幼儿准备安全、适宜、充足、有目的、有层次的游戏玩具材料（成品、半成品、自制品、废旧材料），摆放合理，并定期更换或及时修补，支持幼儿游戏和各种探索活动； ③组织幼儿讨论游戏活动的规则并主动遵守

环节	教师工作内容及要求	教师工作要点
区域游戏	③创设宽松的游戏氛围，鼓励幼儿自主选择、自由结伴，体会交往、合作的乐趣； ④教师积极参与幼儿游戏，以语言、目光、微笑、动作等鼓励、引导、支持幼儿运用各种感官，动手动脑的探究活动； ⑤帮助幼儿了解基本行为规则或游戏规则，体会规则的重要性，学习自觉遵守规则，如分享玩具、角色扮演、协商交换、轮流玩等	游戏中： ①有计划地观察幼儿游戏表现，积极适时地参与幼儿游戏，引导、指导、鼓励、支持幼儿与材料相互作用、与同伴交往，但尽量不干扰幼儿游戏，不把自己的意图强加给幼儿； ②经常给幼儿分配一些力所能及的任务，如抬桌子、创设区域环境、整理玩具等，培养幼儿的责任感和自我服务能力； ③保证幼儿有充足的游戏时间（30～40分钟），允许幼儿自由转换游戏内容，支持幼儿区域间的互动 游戏后： ①指导玩具收放，组织区域游戏评价，中大班逐步引导幼儿自评、互评活动情况； ②游戏区玩具收放时，尊重并保留幼儿的游戏作品（实物或照片等形式），利用过渡环节引导幼儿欣赏

三、保教人员应知应会的工作常规细则（表5-4）

表5-4 保教人员工作常规细则

环节	工作要点
准备	①提前15分钟步入工作岗位，洗手、整理仪容仪表； ②开窗通风，用规范配比的消毒液，做好室内卫生清扫、消毒及整理等工作； ③排查班级的安全隐患； ④为幼儿准备足量、卫生的毛巾、水杯等所需用品，饮用水温度适宜
入园	①精神饱满、亲切自然地迎接幼儿及家长，关注幼儿精神和情绪，协助教师做好疏导； ②协助教师帮助来园幼儿插放晨检牌、叠放衣物、摆放书包等； ③协助教师照顾和指导幼儿盥洗环节； ④配班教师与保健医做好药品交接，核对家长签字及服药信息，并妥善保管药品，幼儿服药后填写好服药记录并签字（可根据幼儿园实际情况确定交接人员和交接时间）
晨间活动	①配合教师组织晨间活动； ②细心关注幼儿，给予适时适度的帮助指导，如身体运动、情绪转变等工作； ③主动与个别生活能力弱的幼儿交流，给予针对性的鼓励、帮助或建议
盥洗	①保证洗漱用具符合年龄特点和卫生要求； ②协助教师指导幼儿正确盥洗，引导或帮助幼儿卷好袖子，学会正确洗手、擦手的方法； ③随时保持地面干燥； ④与主班教师交叉换位，当主班教师关注大多数幼儿时，保教人员关注其他幼儿，确保幼儿都在保教人员视线范围内； ⑤夏季须在开窗通风后再适当使用空调，开启空调同时应关闭门窗，室温不低于26℃
餐前准备	①严格按照规定程序完成消毒、清洗等工作，用洗手液洗手，穿分餐服，按照标准化流程进行餐车、分餐桌、餐桌的"清消清"工作；

环节	工作要点
餐前准备	②指导值日生工作，每桌放一块干净毛巾，放置残渣盘及分发餐具等； ③按照规定时间取餐，食品与餐具均有遮盖； ④关注个别幼儿的情绪
进餐	①了解并掌握每位幼儿的进食量；分餐时，先按照基础量给予，少盛多添；关注体弱儿、肥胖儿进餐情况，保证幼儿吃饱吃好； ②添加饭菜时，动作要轻快，注意安全，餐盘不在幼儿头上经过； ③指导幼儿正确使用餐具进餐，不催饭、不强行喂饭，保证充足的进餐时间； ④冬季分饭时注意保温，夏季不盛过烫的饭菜； ⑤协助教师指导幼儿餐后送餐具、擦嘴、漱口（刷牙）、（洗手）等； ⑥全体幼儿进餐完毕后，方可打扫室内卫生，并将餐具和剩余饭菜及时送回食堂
区域游戏	①配合教师做好玩具的制作和投放，检查区域玩教具、材料安全； ②定期玩具消毒，随时修补玩具； ③协助教师指导区域游戏，观察幼儿游戏情况，在教师的指导下适时加入幼儿游戏，并给予恰当的启发和引导，避免包办代替或强制要求； ④活动结束后，指导和帮助幼儿进行材料的整理
如厕	①保持卫生间内地面干燥，保持如厕环境卫生、整洁； ②关注幼儿需要，了解幼儿在园大便情况，指导或帮助幼儿擦屁股、整理衣裤，向主班教师及家长反映幼儿大便情况； ③保证充足的卫生纸，方便幼儿自取使用； ④做好幼儿便后卫生间的清洁、消毒工作，如发现幼儿大便异常及时报告保健医
饮水	①为幼儿准备温度适宜、水量充足的白开水； ②引导幼儿正确地足量喝水，关注有特殊需要幼儿（如感冒、生病等）的饮水量； ③及时擦干地上的水迹，保持地面清洁、干燥，避免幼儿滑倒； ④将开水壶放置在幼儿触及不到的地方，饮水桶里的水温度适宜； ⑤倡导支持幼儿的自我服务，如每桌按饮水量配备小水壶，幼儿可以自己倒水喝等； ⑥班级保育员的水杯放置在指定地点
集体教育活动	①保持环境整洁，空气清新； ②了解教师教育活动计划及要求，主动配合做好活动前的准备工作（环境布置、材料准备）； ③活动中配合教师组织活动，分组指导，恰当照顾个别幼儿，注意对幼儿教育的一致性和一贯性； ④观察幼儿，做好生活与安全护理工作； ⑤活动后协助整理活动教具、材料、场地，照顾幼儿盥洗
加餐和午点	①提前准备好幼儿餐、点，如果是牛奶，需温度适宜、卫生；水果洗净或去皮，准备好温开水； ②按保健要求，清洁桌面，并每桌放置一小块毛巾，供幼儿餐、点后清洁桌面用； ③指导幼儿自取餐、点； ④协助教师，指导或帮助幼儿用餐、点，如坐姿自然、剥果皮、安全取出及使用吸管喝奶，餐、点后喝适量白开水等，注意安全； ⑤照顾有病、过敏或身体不舒服的幼儿加餐、点； ⑥照顾幼儿洗手，及时擦干地面的水，以免幼儿滑倒； ⑦将餐盘送回食堂
户外活动	①协助教师做好活动场地、器械的准备工作和各项安全检查工作； ②和幼儿一起做操，并参与各项游戏活动，动作准确到位，配合教师指导分组游戏或个别幼儿； ③细心观察每一名幼儿在活动中的情绪变化、身体情况，重点关注体弱和身体不适的幼儿；

环节	工作要点
户外活动	④协助教师准备好下一个环节的运动器具； ⑤做好活动中如厕幼儿的护理； ⑥游戏结束后协助教师指导幼儿收拾、整理器械，清点人数，在幼儿队尾一起回班； ⑦夏季为幼儿准备防蚊、擦汗等用品
散步	①照顾吃得慢或没有吃完饭的幼儿情绪； ②幼儿散步时，做好室内清洁卫生工作，待幼儿散步回班，上床后方可擦地，整理幼儿服装； ③如幼儿到室外散步，需陪同照顾幼儿
午睡起床	①做好午睡准备，拉窗帘、室温适宜（冬天保温、夏天降温），夏季防蚊，铺床、放被子（中大班指导幼儿做），注意铺床留通道，要利于教师管理与照顾幼儿； ②检查床上是否有不安全物品（小食品、别针、玩具等），并及时处理； ③协助教师提示、指导或帮助幼儿如厕、顺序脱衣裤，并摆放整齐（衣服潮湿时指导幼儿将衣服搭在小椅子背上）； ④根据园所要求，配合为带药幼儿服药（睡前或睡后），并与教师做好交接及记录，配合做好幼儿体温测试记录，发现问题及时处理； ⑤在园所指定休息区休息，不睡幼儿床铺； ⑥待幼儿全部上床后，可做餐后卫生，如擦地； ⑦做起床前准备，餐桌消毒，准备温开水；按时拿专用器皿取水果，在指定地点削皮，盖好备用；做好厕所清洁； ⑧幼儿起床时，配合教师午检； ⑨照看幼儿如厕，帮助并引导幼儿有序穿衣，收好拖鞋；协助教师为幼儿整理仪表，帮助女孩子梳头（梳子专人专用）； ⑩待幼儿走出睡眠室后开窗通风，整理床铺
离园	①协助教师指导和帮助幼儿整理着装和仪表，保证幼儿干净整洁离园； ②为幼儿准备好要带回家的衣物、药品； ③协助教师注意观察、照顾幼儿的情绪和身体状况，安抚幼儿顺序安全离园； ④与老师一起照顾好晚接的幼儿； ⑤待幼儿全部接走后，认真检查门、窗、水、电均关好

学习主题三　就业准备——简历与面试

一、简历

简历是求职者的一张名片，对于应聘者来说，好的简历就是一块强有力的敲门砖。如何制作一份特别的、能给用人单位的负责人留下深刻印象的简历呢？

1. 排版与格式

审视一下简历的空白处，用这些空白处和边框来强调你的正文。或使用各种字体格式，如斜体、大写、下划线、首字突出、首行缩进或尖头。除了纸质简历，应准备 PDF、图片及文档形式的电子简历。尽量使简历简短只使用 1 页纸，面试官可能大致浏览简历，然后花 30 秒来决定是否面试你，所以 1 页纸的效果最好。

2. 小结

　　这其实是最重要的一个部分，"小结"可以写上你最突出的几个优点。用词要注意，在调查中许多面试官都说到了这个问题，他们比较忌讳错字、别字。面试官会认为错别字说明人的素质不够高。

3. 应聘人员面试登记表（表 5-5）

表 5-5　应聘人员面试登记表

申请职位名称：		部门：		最快到岗日期：		
求职途径：□招聘网站　□招聘会　□职业培训学校 　　　　　□内部推荐　□猎头　□其他						
期望工作城市：□北京　□天津　□沈阳　□青岛　□长春　□大连　□重庆 　　　　　　　□贵阳　□合肥　□杭州　□南京　□长沙　□深圳						

个人基本资料

姓名：	性别：	出生年月：	籍贯：
民族：	血型：	婚否：　　　是否生育：	
身份证号：		宅电： 手机：	
现住址：		紧急联系人： 电话：	

家庭背景：

姓名	关系	工作单位	职务	联系方式

备注：您是否有亲属在本企业工作？□否　□是（姓名：　　　　　关系：　　　　　　）

社会实践记录

公司名称	地址	最后职位名称	任职年限（月／年）		基本月薪	离职原因
			由	至		

请列举以往社会实践证明人资料（不包括亲属）

姓名	关系	职业	公司名称及地址	联系方式

学历（高中以后填写）

学校／学院／大学名称	年期（月／年）		取得的学历（主修专业）
	从	至	

培训经历

学习机构名称	年期（月／年）		取得资格、等级证书情况
	从	至	

语言能力：□ G（良好）　　□ F（普通）　　□ P（欠佳）

普通话：	英语：	其他：

爱好及特长

工作成果展示

工作经验及专业技能（如是教师请列举教学成果；销售类请列举出最佳的业绩事例，担任的角色；工程人员请列举曾参加过的工程项目，并说明在其中担任的职务）	

面试合格是否接受背景调查：□接受　　□不接受

期望薪资：　　　　　　保险及公积金：□有　　□无

补充资料

特此声明：本人所提供之资料均确实无误，本人亦从未因刑事案件被法庭裁定有罪，本人无重大疾病、家族精神病、传染病史。

本人明白倘若故意提供虚假资料或隐瞒事实，即使获贵公司录取，亦可遭即时解雇，本人在此授权贵公司提供本人资料予贵公司其他负责人。

申请人签名：＿＿＿＿＿＿＿＿＿　　　　　日期：＿＿＿＿＿＿＿＿＿

二、面试准备与技巧

1. 着装

幼儿教育工作者应展现阳光、快乐、健康的形象。应聘是正式场合，应穿着符合保教人员职业的服饰，如运动服、运动鞋，头发扎成马尾或盘起。

2. 准时

参加应聘应特别注意遵守时间，一般提前 5 ～ 10 分钟到达面试地点，以表示求职的诚意，给对方以信任感。

3. 礼节

进入面谈室前，不论门是开是关，都应先轻轻敲门，得到允许后才能进入，切忌冒失入内。入室应整个身体一同进去，入室后，背对面试官将门关上，然后缓慢转身面对面试官。主动打招呼问好致意，称呼得体。在面试官没有请你坐下时，切忌急于落座。请你坐下时应道声"谢谢"，然后等待询问开始。

4. 姿态

坐姿要端正，切忌跷二郎腿并不停抖动，两臂不要交叉在胸前，更不能把手放在邻座椅背上，不要给别人一种轻浮傲慢、有失庄重的印象。面部表情应谦虚和气，有问必答。眼睛是心灵的窗户，应聘过程中最好把目光集中在招聘人的额头上，且眼神自然，以传达你对别人的诚意和尊重。

5. 沟通

面试过程中不要用简称、方言、土语和口头语，以免对方难以听懂。切忌把面谈当作是你或他唱独角戏的场所，更不能打断面试官的提问，以免给人以急躁、随意、鲁莽的印象。

6. 细节

细节决定成败。毕业生参加应聘要自然、放松，切忌做一些捂嘴、歪脖子之类的小动作。应聘结束，应一面徐徐起立，一面以眼神正视对方，趁机作最后的表白，以显示自己的满腔热忱，并打好招呼。比如说："谢谢您给我一个应聘的机会，如果能有幸进入贵单位服务，我必定全力以赴。"然后欠身行礼，说声"再见"，轻轻把门关上退出。特别注意的是，告别话语要说得真诚，发自内心，才能让面试官产生"回味"。最后，别忘了应聘归来发信息、微信、邮件表示感谢与期待。面试官的记忆是短暂的，感谢信是你最后机会，能使你显得与其他想得到这个工作的人不一样。

7. 案例分享

面试官：张女士

应届生：李××

岗位：市场营销助理

面试官：您好，我们是 S 公司，我是 HR，我们现在开始面试。非常欢迎你参与我们公司的面试。你能简单自我介绍一下吗，大概用 2 ～ 4 分钟的时间。

求职者：您好，张老师（如果知道对方职务，可以称其职务，比如张经理等），我是李××，来自××大学，××专业。在学业方面，我的功课成绩一直是班里的前 5 名，比较用心读书，每年都能拿到学校的奖学金；在社会实践方面，我曾经参与两个公司的实习，其中一个是知名的 B 公司，在这个公司里，我参与了一个比较大的项目，为自己增加了很多实践经验；在个人成长方面，我有意锻炼自己"坚持"这个习惯，我原来不喜欢运动，在大学期间，从每天跑 1 公里，到现在坚持每天跑 5 公里，并已经开始每年有计划地跑马拉松了。这是我的个人介绍。

面试官：好的，听完你的自我介绍，我对你有了更多的了解，现在关于你的情况介绍，我有以下几个问题和你沟通。关于你说的社会实践方面，能不能为我们讲一个发生过的情景。你在 B 公司实习期间，尤其是你参与的这个大项目，有没有一个节点，是你参与的，你感觉最有挑战的一个节点。你可以描述下大概的背景、主要目的、你做了什么，最后的结果怎么样。

求职者：可以给我 1 分钟时间思考一下吗？

面试官：好的。

求职者：B 公司的这个项目是公司展会，规模非常大，是一年一度的展会。我作为实习生参与到展会开展前的材料准备工作。当时跟我一起做这个工作的实习生有 3 个，当时原计划是我们三个一起打印展会需要的材料，但是另外两个人临时有事请假了。我当天一个人要做三个人的工作。带我的主管导师临时也找不到其他的人帮忙。展会开展在即，大家都很忙。我看到这种情况，主动提出加班来进行处理。需要准备的材料非常复杂，装订也是比较考验人，这个工作我也没有做过。我非常耐心地仔细装订，最后一个人从早上 7 点干到了凌晨 4 点，把所有的材料整理完。当我把结果向主管导师交付的时候，他非常满意，评价我很用心、很职业。

面试官：好的，确实不错，你有想过，这件事情如果重新发生一遍，你会如何做，会有改进吗？

求职者：我确实想过，这里边有三个环节可以优化。首先，因为我用的打印机和装订的地方是公共区域，经常有其他人过来打印，中间浪费了一些时间，我可以向我的导师申请一个独立的打印机，不被打扰的，效率会高一些；其次，本部门的人没有人能够帮忙，但是可以协调其他部门的人来协助，可以跨部门的去协调一些资源，不一定可以，但是是可以试试的；最后，材料装订完第一册，我需要让我的主管领导先审阅一遍，因为我全部装订完，已经到早上，统一审阅如果出错，就是重新返工。还好没有出错，这让我想到自己的工作方式还应灵活调整，多思考。

面试官：你和你们班或你们宿舍同学，有没有产生不同意见的时候，有过小摩擦？你都是怎么处理的？举一个真实的案例。

求职者：我有一次考英语六级，自己报名，并没有跟我的好朋友 T 说，我不是有意的，我是觉得大家都很独立，我不可能每一件事情都跟朋友去讲。我的朋友认为我有意不告诉他，实际上我们班那几天班干部一直在号召大家报名，他就对我很有意见，忽然就开始冷落我，好几天不理我。我一开始没在意，不过后边觉得这样也不太好，就主动请他和其他同宿舍的人一起吃饭，在吃饭的过程中无意提到这个话题，也委婉表达了自己对于大学生独立性的一些看法。吃完饭后我们的友谊就又恢复了，我想发生摩擦的时候，一个层面是解决事情，一个层面是解决情绪。情绪有时候比事情还重要。如果对方对你有情绪，事情就很难开展。

面试官：你的同学平时都怎么评价你？请用三个关键词概括。

求职者：有逻辑、活泼、灵活。

面试官：你未来3～5年的职业规划是什么？

求职者：我期望工作的前3年，脚踏实地把专业做好，跟师傅学习，把市场营销这个领域做扎实了，打好基础。关于3年之后的发展，我想在这3年里，我会不断地自我探索，适合专业还是适合管理，通过不断地学习，发现自己的潜力。不过无论我选择哪个赛道，我都会很努力地工作，我很享受工作给我带来的成就感。

面试官：你有问题向我提问吗？

求职者：我想问一下，公司对于校招生有专门的培养计划吗？

面试官：有的，我们有专门的人员负责校招生的培养，有统一培训、线下辅导学习、双导师制和线下游学等，比较系统。

求职者：请您简单跟我说下，招聘我这个岗位未来的工作职责。

面试官：我们招聘这个市场营销助理岗位，主要辅助市场营销经理，对接市场宣传项目，类似展会、新媒体、海外市场推广等。

求职者：好的。

面试官：好的，我们的面试结束了，明天我会给你面试结果通知。如果面试通过，明天会跟你沟通薪酬及入职事宜。

同学们可以在课后分组模拟。

参考文献

[1] 马歇尔·卢森堡. 非暴力沟通 [M]. 阮胤华，译. 北京：华夏出版社，2009.

[2] 亚瑟·乔拉米卡利，凯瑟琳·柯茜. 共情的力量 [M]. 王春光，译. 北京：中国致公出版社，2018.

[3] 张丽敏. 何以为师 [M]. 北京：中国社会科学出版社，2021.

[4] 佐佐木正美. 我们的孩子：看见、倾听及改变 [M]. 周志燕，译. 北京：北京时代华文书局，2020.

[5] 尚致胜. 走出困境：如何应对挫折与压力 [M]. 北京：北京大学出版社，2005.

[6] 吕晓兰. 别和自己过不去：让心理更健康的 15 个习惯 [M]. 北京：中国商业出版社，2007.

[7] 伊莱恩·N.阿伦. 敏感的人：如何面对外界压力 [M]. 张国清，周丹，李雪阳，译. 上海：上海译文出版社，2001.

[8] 余胜兰. 幼儿教师追求幸福的方法 [M]. 北京：中国轻工业出版社，2017.

[9] 朱凯利. 困境与出路：幼儿园教师职业倦怠状况研究与职业生涯规划 [M]. 西安：西北大学出版社，2020.